JIYU YOUXIAN LIXING DE QIYE CELUE XINGWEI JUECE YANJIU

江苏高校优势学科建设工程项目"审计科学与技术"资助

基于有限理性的
企业策略行为决策研究

袁 艺 著

经济科学出版社
Economic Science Press

图书在版编目（CIP）数据

基于有限理性的企业策略行为决策研究/袁艺著.
—北京：经济科学出版社，2013.6
ISBN 978 – 7 – 5141 – 3351 – 6

Ⅰ.①基…　Ⅱ.①袁…　Ⅲ.①企业行为－研究
Ⅳ.①F270

中国版本图书馆 CIP 数据核字（2013）第 086340 号

责任编辑：李　雪
责任校对：苏小昭
责任印制：邱　天

基于有限理性的企业策略行为决策研究

袁　艺　著

经济科学出版社出版、发行　新华书店经销
社址：北京市海淀区阜成路甲 28 号　邮编：100142
总编部电话：010 – 88191217　发行部电话：010 – 88191522
网址：www. esp. com. cn
电子邮件：esp@ esp. com. cn
天猫网店：经济科学出版社旗舰店
网址：http://jjkxcbs. tmall. com
北京密兴印刷有限公司印装
710×1000　16 开　10.5 印张　160000 字
2013 年 6 月第 1 版　2013 年 6 月第 1 次印刷
ISBN 978 – 7 – 5141 – 3351 – 6　定价：38.00 元

前　　言

现实经济环境中企业往往面临两种不确定性，即来自自然环境的不确定性和来自竞争对手的不确定性。根据凯恩斯学派的观点，来自竞争对手的不确定性是一种强调策略互动的"认识力的不确定性"，而这种不确定性才是企业面临的根本不确定性的根源。本书的研究目的就是试图说明微观企业如何认识和分析来自竞争对手的不确定性，从而有效进行策略行为决策的问题。

新产业组织经济学从产业中观视角对企业策略行为的研究为本书的微观视角研究提供了可参考的分析范式，即采用标准博弈理论作为企业策略行为决策的基本研究框架。标准博弈论假设行为人"经济理性"，即认为行为人可以完全认识自然与社会，并基于这一完全认知能够实现自身效用的极大化。这一极大化的实现包含两个递进的隐含假设：其一，特定决策的所有可能性都明确可知；其二，特定决策主体具备在所有可能性中比较择优的完全认知能力。但是，由于现实的企业策略行为决策者并不能满足"经济理性"的前提条件，标准博弈论在企业策略决策的实践活动中可以提供逻辑上无矛盾的分析范式，却无法真正有效预测和指导行为人的现实行动。为了提高理论对现实决策的解释和指导能力，需要对标准博弈论绝对化的理性假设进行修正，即以"有限理性"替代经济理性。根据奈特基于不确定性和西蒙基于心理机制的研究，可以认为系统的固有不确定性和行为人心理资源的稀缺是有限理性的两个构面，二者实际上是分别针对经济理性极大化原则两个隐含假设"特定决策的所有可能性都明确可知"和"特定决策主体具备在所有可能性中比较择优的完全认知能力"的有力反驳。在决策研究中，现实存在的双构面行为人有限理性要求同时考虑决策条件的不确定性和决策主体有限的认知分析水平。

决策研究的一个重要问题就是对均衡的分析，即通过证明和寻找均衡来对决策行为进行解释、预测和指导。作为研究交互决策的重要理论，博弈论认为找到了均衡也就意味着预测出了行为人在博弈中的策略选择。经济理性假设下的标准博弈理论分析假设了"幼稚"行为主体能力以外的复杂理性思维过程，因而纳什均衡也就是一种建立在行为人相互理性基础上的"经济理性均衡"。"幼稚"博弈行为人的思维决策往往无法满足标准博弈论描述的理性方法，其实际行为选择经常背离纳什均衡的预测，并且这种偏离是系统性的。基于经济理性演绎出的纳什均衡在现实中极易遭到违背，这一脆弱均衡对包括企业策略行为决策在内的现实决策的指导意义也值得商榷。为了寻求能够有效分析企业策略行为决策的理论工具，就必须在现实的有限理性条件下探寻新的博弈均衡机制。决策的均衡标准将不再以超越行为人客观能力的精确计算与比较为基础，而更大程度上取决于不同行为人的主观反应判断，这就使得决策均衡标准的确定成为一个更加困难的研究问题。根据特定的统计学模型为基础，研究者通过一系列博弈实验分析提出了一个可以反映有限理性条件下博弈均衡的新概念——可数性反应均衡。可数性反应均衡理论认为，为了获取博弈占优，每个"幼稚"博弈行为人都有追求理性的动机，但有限理性的约束使每个行为人的策略选择都是对其他行为人策略选择的主观判断的"最优反应"，因此他们的决策均衡很难与经济理性假定下的纳什均衡重合，而只能形成一个类似纳什均衡的均衡。可数性反应均衡是在纳什均衡的基础上对均衡概念所做的进一步发展，是研究者继承有限理性的理论观点，通过修正行为人的行为方式而发展出的一个具有某种内生变动性的均衡分析范式。为了准确确定可数性反应均衡与纳什均衡的相对位置，研究者提出了一种将行为人受噪声影响的程度参数化的可数性反应均衡函数，而其中的唯一参数就是表示噪声影响效应的 λ。利用参数化可数性反应均衡函数进行的实验结论表明，可数性反应均衡的估计值要比纳什均衡的推测更为贴近现实选择。

研究有限理性条件下的策略行为决策机制就是研究可数性反应均衡的形成与变动过程，而由于参数 λ 是决定可数性反应均衡的具体位置和动态轨迹的基本因素，因此确定有限理性条件下的策略行为决策机制影响因素的研究工作就可以具体化为确定参数 λ 的影响因素。由于现有的可数性反应均衡理论仅将 λ 作为简化推理过程中一个人为设计的参数，参数 λ 影响因素的系统研究目前几乎处于空白状态。本书根据行为经济学基于不同博弈模型的理论研究和实验结论，提出这样的观点：作为表示交互决策的行为人受噪声影响程度的参数，实质上也是反映行为人主观最优反应与实质占优策略差异程度的参数，λ 的影响因素主要包括思维推理能力的约束、重复决策的学习效应和个性化的效用评估倾向三个方面。选美竞猜博弈实验显示了一次性博弈中思维推理能力约束与策略行为决策机制的相关性，而认知层级理论说明了策略行为决策者基于各自不同思维推理能力的约束而作出主观最优反应的过程。多轮次选美竞猜博弈实验结果的对比说明博弈行为人在重复博弈中具有学习的能力，博弈策略的选择也明显受到学习效应的影响，而学习效应具体包括强化学习效应和信念学习效应两方面。上述两方面的讨论都是在传统的效用函数的框架内进行策略效用评估的，但是效用理论研究从"狭义"向"广义"的回归要求对现实的策略行为决策研究中采用的效用函数进行重新思考，由价值期望和社会偏好决定的行为人个性化效应评估倾向（如参照点效应、损失厌恶效应、不平等厌恶效应等）与行为人的主观最优反应选择也具有密切联系。

借鉴实验经济学的研究范式，本书在完成企业策略行为决策的理性假设修正、均衡标准确定和决策机制影响因素演绎归纳的研究后，通过实验室实验的研究方法对构建的理论体系进行验证。根据现有的企业组织行为实验研究经验，首先确定一个现实存在的企业策略行为决策模型作为实验设计的依据，而对称双寡头研发投资竞赛就是这样一个符合要求的典型策略行为决策。根据双寡头研发投资竞赛可以抽象出一个内在逻辑相似的简单模型，而该模型就是实验室实验设计的基础。整个实验过程分为三组，针对不同的实验目的，分别确定了不同的控制条件和实验流程。根据20位实验参与者连续八轮次实验的数据结论的总结和分析，能够较好地验证前文的策略行为决策理论研究框架，为理论研究成果提供可靠的有效性证明。在此基础上，可以进一步提出有关策略行为决策的若干经验法则，而这些法则能够对现实企业策略决策形成有效的指导。

袁艺于南京鼓楼

2013 年 4 月

目　　录

第 *1* 章

导论

1.1

问题的提出

如西蒙（Simon）所言，"管理就是决策，从广义上讲，决策几乎是管理的同义词"。但是，现实存在的问题是：一些与企业竞争优势构建和超额租金获取密切相关的决策行为并没有得到研究者的重视而成为明确的理论研究对象；而另一些被广泛应用的主流理论却因其假设前提与现实决策的客观条件相互矛盾，从而缺乏有效的指导作用。强调策略互动的企业研发竞赛（R&D race）投资决策就是理论研究现状和企业实践要求未能形成同步协调的典型案例，而本书的研究就是以对这类特殊企业决策的现实观察作为基本起点。

1.1.1 一类特殊的企业决策：研发竞赛

1.1.1.1 研发活动与市场结构

根据萨缪尔森（Samuelson）的观点，市场结构可以划分为两类：一类是完全竞争市场，即传统的自由竞争资本主义市场；另一类是不完全竞争市场，即存在着垄断因素的市场。而根据垄断程度的高低不同，又可以将不完全竞争市场分为三种类型：完全垄断市场、寡头垄断市场和垄断竞争市场。在现实社会中，完全竞争几乎是不存在的，仅仅是一种理论抽象，而广泛存在的是不完全竞争市场。其中，完全垄断市场也很少存在，通常只存在于一些政府垄断的特殊部门，现实中最为普遍的是垄断竞争市场和寡头垄断市场。

另外，作为企业可掌控的活动，研发可以帮助企业构建与同行相比更有利的竞争地位，从而获取超额租金。熊彼特（Schumpeter，1943）首先提出关于市场结构与研发关联的理论，即著名的"熊彼特假设"。他的基本观点是，垄断的情形与研发有着密切的联系，具体内容包括：其一，垄断是研究开发的自然滋生的基础；其二，如果人们要引导企业从事研究开发，就必须接受创造垄断是必不可少的罪恶。一般而言，因为前者广受争议且不是熊彼特理论的中心内容，逐渐被后来的研究者忽略，研究的重点往往被放在第二个观点上。一个企业产生的任何一项创新都以很少或者不用成本的方式向其他企业提供了可利用的信息。一方面，所有企业都打算使用这种信息，而同时却没有一家企业愿意分担创新企业进行研发活动所需要的不菲成本。现实中，这种补偿是通过批准专利来实现的，即向创新企业提供暂时的垄断，使其通过垄断获利得以弥补研发成本。这种体制的后果是鼓励研究开发的同时阻碍了创新的扩散，并因此创造了不完全竞争的市场环境。实际上，熊彼特曾明确指出，经济发展的本质在于技术创新，而垄断是资本主义经济技术创新的源泉。

之后，以熊彼特假设为起点，麦克拉林（Maclarin，1954）、曼斯菲尔德（Mansfield，1963）、谢勒尔（Schere，1963）等学者进行了大量的实证研究，阿罗（Arrow）、卡米恩（Kamien）、施瓦茨（Schwarz）等学者则从理论上进行了探索，劳里（Loury）、李（Lee）、威尔德（Wild）、雷甘纳姆（Reingallum）等人又引入博弈论，通过求解纳什均衡来探索竞争者数量的多寡对创新速度及企业研发投入的影响。虽然近半个世纪以来研究者在判断熊彼特假设的可靠性上仍然没有达成一致的结论，但目前理论界较为认可的一种观点来自卡米恩和施瓦茨的研究，他们认为决定技术创新的因素主要有三个变量：竞争强度、企业规模和垄断强度。竞争程度影响技术创新的积极性，企业规模影响技术创新开辟市场前景的大小，垄断力量影响技术创新的持久性，而最有利于技术创新的市场结构是介于完全垄断和完全竞争之间的市场结构。

根据以上的理论回顾，可以得出这样的推论，即企业的研发活动和不完全竞争的市场结构之间存在相辅相成的关系，研究开发的维持机制催生了不完全竞争环境，而不完全竞争环境中的寡头企业又必须通过不断地研究开发维持其市场地位和竞争优势，这是一个可以不断自我强化的循环过程[①]。

1.1.1.2 研发竞赛决策

与不完全竞争的市场特征密切相关的企业研发活动一方面可以提供新的经济增长点；另一方面研发的成果（如专利）受到多方面保护（如法律保护），可以改变市场的竞争规则，把竞争对手屏蔽于市场之外，由研发企业独享超额租金。因此，研发活动是企业通过创新获取超额租金的主要竞争方式，而不完全竞争市场环境中主要竞争对手之间的研发竞赛是需要企业特别关注的一类决策行为。

在研发竞赛中，参与竞赛的企业的行动目标相似，即希望通过研发获得的成果提升自身的市场竞争地位，获取更多的经济收益。在一般的决策分析框架中，每个企业需要考虑的问题是比较项目投资和研发收益，继而通过净现值等指标决定是否实施相关的项目，当然其中也会采用调整贴现率等方式考虑项目实施过程中可能遇到的风险。但是，对于研发竞赛这一特定的决策行为而言，参与竞赛的企业的未来收益都面临着一种特殊的不确定性，这一不确定性是由所有参与竞赛的企业的共同行为选择决定的。换言之，一个进行特定研发项目的企业的未来收益的高低除了受到一般风险因素的影响，还直接取决于其竞争对手是否能够成功完成相似的研发。以对称双寡头企业的

---

① 当然，不能将所有的市场垄断都归因于研发创新，但是不可否认，与研发创新具有密切关系的市场垄断是广泛存在的。

研发竞赛为例，如果某个寡头企业单独完成一项新产品研发，则其可以独享新产品所有的市场份额，获取高额收益；而如果两个寡头企业同时完成相同的新产品研发，则双方只能分享市场份额，大多数情况下其收益数额还不能弥补其研发投入的成本。

因此，现实存在的研发竞赛决策是一种需要同时考虑企业和竞争者互动行为的特殊决策，这类企业决策需要不同于传统决策评价方法的特殊分析范式①。

1.1.2 小结

与研发竞赛决策类似，许可证投标决策也是需要同时考虑企业和竞争者互动行为的特殊决策，一度是为舆论焦点的移动通讯 3G（the third generation mobile communication）许可证的竞拍发放就是其典型案例②。此外，尽管缺乏类似研发竞赛决策和许可证投标决策的鲜明特征，其他许多企业决策也具有一定的互动决策的印记。以对这类特殊企业决策的现实观察作为起点，本书认为这类以研发竞赛和许可证投标为典型的，与企业价值实现具有密切联系的，需要同时考虑企业和竞争者互动行为的特殊决策（即本书定义的"策略行为决策"）亟须一个有效的分析范式，而这一问题应当成为研

---

① 范式一词源于希腊文，有"共同显示"之意，由此引申出模式、模型、范例、规范等含义，而范式概念在理论分析中的广泛使用，可以追溯到库恩的经典著作《科学革命的结构》。范式概念是库恩范式理论的核心，在库恩看来，"按既定的用法，范式就是一种公认的模型或模式"，是一种对本体论、认识论和方法论的基本承诺，是科学家集团所共同接受的一组假说、理论、准则和方法的总和。在库恩的范式论里，范式是一种理论体系，范式的突破导致科学革命，从而使科学获得一个全新的面貌。库恩的范式论是对实证主义的科学观与方法论的反叛。实证主义强调理论来源于经验事实，追求科学研究的客观性，而库恩的范式论否定了经验实证原则，提出了经验事实具有主观特性的观点，理论已经不再是经过实证研究后的产品，而是一种"先在的"观念、信念的格式塔，从而促进了科学主义与人文主义的整合。举例来说，经济学和管理学的研究就具有完全不同的范式，而斯密范式和泰罗范式就是各自的代表。

② 瑞典的 3G 许可证发放就采用类似于"选美竞赛"的拍卖机制，由每个具备竞拍资格的企业提供愿意支付许可费用的标书，价高者则取得 3G 许可证。每个参与竞拍的企业在确定标书的决策中就必须考虑竞争对手的行为，如果其确定的标书价格低于任何一个竞争者，则就会失去中标的机会，其前期投入的成本就化为乌有；而如果其确定的标书价格过高，比第二提议者高出的数额都将是其收益的无谓减损；竞拍企业的标书决策就是要寻求一个略高于其竞争者的标书价格，既保证中标，又尽可能减少支付的许可证费用，而最优标书价格是由竞争者的行为直接决定的。

究者关注的重点。

1.2
策略行为研究综述与启示

需要同时考虑企业和竞争者互动行为的特殊决策行为在过去的研究著作中并非一片空白，新产业组织（NIO）理论的研究者就曾经从中观产业的角度对其进行过比较详细的分析，并将该类行为称为"Strategic Behavior"（于春晖，2005）。但是，如果以 *Strategic Behavior* 为关键词进行文献回顾，就会发现这样一个值得重视的现象，即 *Strategic Behavior* 的相关研究开始于 20世纪 50 年代，在近半个世纪以来一直处于研究者的视野之中，不同学者基于不同的研究视角对 Strategic Behavior 进行了不同的解读，但却一直未能形成研究共识。

1.2.1 战略管理角度的研究

在现有的 *Strategic Behavior* 的相关研究中，一类研究将其视为战略管理（strategic management）研究的一个子命题。

伯格曼（Burgelman，1983）在回顾公司战略管理的经典文献（Bower & Doz，1979；Galbraith & Nathanson，1979；Hall & Saias，1980），并结合当时美国国内合资企业（internal corporate venture，ICV）的实证研究（Burgleman，1980）后指出，*Strategic Behavior* 是公司战略过程的一个组成部分，主要存在于公司的生产、营销等环节，公司的既有战略会自然引致一系列的 *Strategic Behavior*，而公司组织操作和中间层次的自发 *Strategic Behavior* 也会引致公司战略的变化。

安索夫（Ansoff，1987）指出 Strategic Behavior 研究关注的重点是一个企业如何适应外部环境的过程，即所谓的"战略表达"（strategic formulation）；以库恩（Kuth，1972）的"科学范式"（scientific paradigm）概念为基础，安索夫回顾 *Strategic Behavior* 研究的演进过程，并提出 Strategic Behavior 的一般范式。他认为 *Strategic Behavior* 是由组织所处环境和组织自身能力两股影响力共同形成的，而反过来 *Strategic Behavior* 也能够对组织环境和组织能力产生影响，即 *Strategic Behavior*，组织环境和组织能力之间存在一种三角形的互动关系；而 *Strategic Behavior* 的概念可以表示为四个可观察的变量：需求感知（perception of need），信念形成（formation of aspirations），战略演进（strategy evolution）和能力演进（capability evolution）。

格朗迪（Grundy，1998，1999，2000）则从战略决策中个人相互作用的角度认为 *Strategic Behavior* 是战略管理的驱动力，是"与战略问题相关的议程中决策团队成员在认知、情绪和专业领域方面的相互影响"。他还提出以"行为混乱"（behavioral turbulence）表示决策团队成员情绪和专业领域方面的敏感度对战略行动的影响，并对此开展了进一步的研究。

奥尔森、斯坦利和豪特（Olson，Stanley & Hult，2005）从战略实施的角度提出，企业战略管理中一切与构建竞争优势有关的行为都可被归于 Strategic Behavior 的范畴，主要包括顾客导向行为、竞争者导向行为、创新导向行为和成本导向行为四种。

1.2.2 以谢林定义为基础的研究

有关 *Strategic Behavior* 的另一类研究则脱离了战略管理的研究框架，而更大程度上受到谢林（Schelling，1960）在其代表著作《冲突的策略》（*The Strategy of Conflict*）中提出的 Strategic Behavior 的定义影响，重点关注不完全竞争市场中企业为争夺竞争优势和超额租金的互动行为。谢林认为所有意图用来影响竞争者行为的约定、威胁或者承诺都可归于策略行动（strategic move）的范畴。如果一项策略行动是有效的，它必然能够影响竞争者对各种可选择行动的支付（payoff）预期，而这种影响可以通过两种方式达成：一种是该策略行动能够持久影响成本或者需求条件；另一种是该策略行动可以影响目标企业（竞争者）的信念（往往是在对成本或者需求条件不产生直接影响的条件下）。

在此基础上，谢林提出一个企业影响竞争者对该企业行动的预期，使竞争者在预期的基础上作出对该企业有利的决策，这种影响竞争者预期的行为就称为 *Strategic Behavior*。以谢林的定义为基础，不同的研究者从不同角度开展了卓有成效的研究。

1.2.2.1 影响成本或需求条件的研究

迪克西特（Dixit，1980）研究了卖方寡头垄断市场策略性投资（strategic investment）的问题，他的分析表明不完全竞争市场上的企业可以通过改变自己的成本结构来提高利润，即使单位成本会因此上升。例如，一家企业可以通过投资低边际生产成本的昂贵工厂来对提高产量进行可信的承诺，虽然平均成本会因此而上升，但竞争对手可能采取的退缩行为所产生的收益将超过低效生产所导致的损失。

吉尔伯特和纽伯瑞（Gilbert & Newbery，1982）建立了一个关于两个企业进行研发竞赛的一般分析框架，从这一框架中得出企业在对手的不同策略下完成研发的最优和最早时间，在此基础上，考虑模仿成本与获取许可证的成本，并根据利润最大化的条件，说明企业选择自主研发、获取对方许可证和模仿的时间及条件。模型揭示了研发竞赛中的两个基本问题：当研发对跟随者的生存很重要时，领导者将会抢先行动以求将其对手挤出市场（即使研发对于领导者毫无意义）；当研发使领导者的成本减少大于研发使追随者的成本减少时，领导者就会选择研发。当模仿比较容易时，若领导者的初始成本优势很小，且研发对于每个企业的价值差不多，则两企业都可能成为获胜者；若领导者的初始成本优势很大，则领导者不愿意研发出容易模仿的技术，这时，高成本和低市场占有率的企业将会完成研发。如果模仿是不可能的，考虑许可证方式：当研发使成本大大降低时，企业会拒绝给予对手许可证，能否抢得行动先机决定了谁会最终获胜。

相恩和维拉提伯罕（Shan & Visudtibhan，1990）则指出在高科技产业中，Strategic Behavior 就是通过提高相对于竞争者的竞争地位来最大化长期收益的行为模式，通常表现为控制现有竞争者的潜在竞争和阻止其他企业的进入。托马斯（Thomas，1988）关于美国制药业的实证研究是对 *Strategic*

Behavior 的典型实例分析，具体说明了该寡头市场中对药品研发抢先行动的寡头企业所能够获取的市场优势。

1.2.2.2 影响竞争者信念的研究

米尔格罗姆和罗伯特（Milgrom & Robert，1982）进行了限制性定价①（limiting pricing）的代表性研究。他们认为，在现实环境中，市场信息往往是不完全的，竞争者的成本函数、决策以及整个市场的需求状况对于企业而言并非完全信息，很多信息为个人私有。因此，在位企业与潜在进入企业之间进行的限制性定价行为可以视为不对称信息博弈行为。在不完全信息条件下，潜在进入者不知道在位者的类型（高成本或者低成本）以及收益函数，只有一个先验概率对此进行估计，然后利用博弈过程中对在位企业先前行动的观察按照贝叶斯方式对先验概率进行修正，利用修正的概率估计在位者的类型和可能的收益函数。在此种情况下，在位企业通过价格行为向竞争者传递有关成本的信息，影响竞争者对在位者类型的估计信念。米尔格罗姆和罗伯特的限制性定价模型强调在信息不对称的条件下，潜在进入者不知道在位者的生产成本类型，在位者试图利用限制性定价手段向潜在进入者显示自己是个低成本企业，使潜在进入者认为进入是无利可图的。一家高成本的在位企业为了扰乱进入企业对其成本类型的估计，也可以利用在位者的先动优势采取限制性定价手段使潜在进入者误认为在位者是低成本企业，慑于进入后的价格战，进入企业只能望而止步。在这种情况下，限制性定价是一个信号干扰手段，不是一种确切的信号显示方式。

米尔格罗姆和罗伯特的限制性定价研究只考虑了在位企业的成本与潜在进入者无关且在位者已经知道自己的成本函数的情形。哈瑞特恩（Harrington，1985）则进一步放宽了这些假设，假定潜在进入者在进入前并不知道其成本是多少，而且它的成本与在位企业的成本是正相关的，在此条件下，哈瑞特恩得出了与米尔格罗姆和罗伯特模型相反的结论：为了遏制进入，在位者应当传递高成本信息，因而应把限制性价格设定在高于短期垄断价格的水平。

---

① 限制性定价是指通过在位企业的当前价格策略来影响潜在企业对进入市场后利润水平的预期，从而影响潜在企业的进入决策。

克莱珀斯和威尔逊（Krep & Wilson，1982）进行了掠夺性定价①（predatory pricing）的代表性研究。在他们的模型中，在位者有两种类型，即弱小或者强硬。对于弱小在位者，若潜在进入者不进入，则在位者收益为 $a(a>1)$，潜在进入者收益为 0；若潜在进入者进入，则在位者选择打击或者容纳，打击时，在位者收益为 -1，潜在进入者收益为 $b-1(0<b<1)$；容纳时，在位者收益为 0，潜在进入者收益为 b。对于强硬在位者，若潜在进入者不进入，则在位者收益为 a，潜在进入者收益为 0；若潜在进入者进入，则在位者选择打击或者容纳，打击时，在位者收益为 0，潜在进入者收益为 $b-1$；容纳时，在位者收益为 -1，潜在进入者收益为 b。如果潜在进入者不知道在位者的类型，那么根据逆向归纳法（backward induction），对于弱小在位者，掠夺赚 -1，容纳赚 0，容纳是其均衡战略，而进入是潜在进入者的均衡战略；对于强硬在位者，掠夺赚 0，容纳赚 -1，故掠夺是其均衡战略，而不进入是潜在进入者的均衡战略。但是，潜在进入者不知道实际面对的在位者究竟是弱小还是强硬。克莱珀斯和威尔逊的研究结论是：博弈早期，弱小在位者会打击进入行为，以使潜在进入者相信它是强硬的。鉴于此，潜在进入者早期不进入。博弈后期，弱小在位者还会打击进入行为（如果他以前一直打击）。只有对于末期潜在进入者的"试水"，弱小在位者才会随机选择打击或容纳。因此，沿着均衡路径，即使面对弱小在位者，潜在进入者也不会选择进入。

米尔格罗姆和罗伯特（1982）将在位者分为三种可能类型：一般、疯狂或弱小。他们的研究结论与克莱珀斯和威尔逊类似，即潜在进入者由于不能确定在位者的类型，故选择不进入。只要在位者打击的概率存在，潜在进入者就会推迟进入，直到博弈将近结束。

1.2.3 本书的研究视角

从 *Strategic Behavior* 代表性研究的分类综述可以看出，前一类研究归属

---

① 掠夺性定价是指在位企业将价格削减至竞争者平均成本之下，以便将竞争者驱逐出市场或者遏制进入，即使遭受短期损失也在所不惜。

于企业战略管理研究的范畴，是企业战略在操作层面的具体行动表现，在国内学者引述相关文献时，一般将 *Strategic Behavior* 译为"战略行为"。而后一类研究以谢林对国际政治的策略研究为学术基础①，其关注的重点基本集中于新产业组织经济学（NIO）的相关命题，如寡头市场的掠夺性定价、企业成本变更以及专利竞赛等等，于春晖（2005）对此类研究进行了较为全面的文献评述，其中将 *Strategic Behavior* 译为"策略性行为"。

本书以 *Strategic Behavior* 为基本研究对象，与现有的两类研究相比，一方面，本书选择了前一类研究的微观视角，即将 *Strategic Behavior* 界定为某个特定企业的一种微观决策行为，其研究目的是在特定企业价值最大化目标的指导下如何实现 *Strategic Behavior* 的优化决策，这与后一类研究从产业组织的中观视角出发，并以解释现实市场现象，提供政策建议（如反垄断）的研究目的完全不同。另一方面，本书不赞同前一类研究简单地将 *Strategic Behavior* 视为企业战略在操作层面的行为表现，而比较认同后一类研究对 *Strategic Behavior* 交互决策本质的强调。可以说，本书试图开展的 *Strategic Behavior* 研究与现有的两类经典研究具有一定的关联，但是也存在明显的差异，其关注的重点是不完全竞争市场中特定企业与主要竞争者以构建优势市场地位和夺取超额租金势为目的的交互决策的优化过程。

1.3
相 关 概 念 界 定

1.3.1　策略行为的定义

根据本书的基本研究意图，以谢林的经典定义为基础，*Strategic Behav-*

---

① 谢林在 20 世纪 50 年代末美苏核军备竞赛的背景下出版了《冲突的策略》一书，阐明了博弈论作为社会科学统一分析框架的观点，提出如承诺、协调、聚点均衡等博弈论的关键概念，奠定了策略研究的学术基础，同时也开创了国防经济学这一学科。

ior 被定义为以不完全竞争市场环境中某个特定的企业组织为行动主体，以获取超额租金为基本目标，以企业主要竞争者的现有行动和预期反应为主要决策前提的企业行为，并称其为"策略行为"。

策略行为的分类可以从不同角度开展，而最普遍的分类标准是行为调整和作用的时间长短，据此策略行为可以分为短期策略行为、中期策略行为和长期策略行为（见图1-1）。

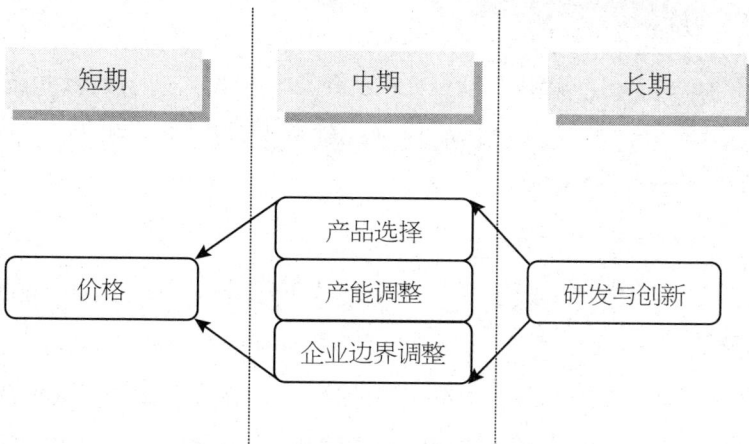

图1-1 不同时段内企业的策略行为

资料来源：改自泰勒尔（1997）。

在短期内，价格是企业容易变更的主要经营手段（其他手段包括广告和推销工作），因此在刚性成本结构与产品特性的短期背景下，策略行为主要集中于价格竞争。在较长的时期内，成本结构和产品特性可以一起或者分别变换，即生产技术可以重新安排予以改进，生产能力可以相应进行调整，质量、发货时间、销货地点等产品特性可以不断改变，而消费者对产品的看法（影响需求函数的重要因素）也可以通过广告施以不同影响，因此，中期的策略行为集中于产品选择和生产能力及企业边界的调整方面。从长期看，产品特性与成本结构，不仅可以通过简单调整现行的产品与成本的集合来加以改变，而且可以通过较大幅度地修改这一集合加以改变。研发创新使得企业能够扩大其可选择的修改范围，其中"工艺革新"能够改变生产技术集合，而"产品革新"能够创造新产品。因此，长期策略行为的着眼点就是企业的研究与开发。

策略行为的产生取决于竞争企业在市场决策方面存在的相互依赖关系，而这种依赖关系在垄断竞争市场和寡头垄断市场上最为普遍，因此这两种市场构成了策略行为分析的基本市场基础。换言之，在包括垄断竞争和寡头垄断的不完全竞争市场结构中，往往只有有限几个具有影响力的主要企业，企业面对市场环境已经不再处于完全被动的境地，每个企业的自主行动对市场环境和其他竞争对手都会产生显著的影响。因此，在不完全竞争市场中进行企业行为研究时，必须将市场中的各个决策者的策略互动纳入研究的视角，并予以足够的重视。需要说明的是，本书为了简化研究，在构建博弈模型时将使用双寡头垄断市场代表一般不完全竞争市场①。

策略行为作用机制的重点在于市场环境不再是外生给定的，企业可以通过策略行为改变市场环境，具体包括市场中现有和潜在的竞争者数量、市场的技术水平和产品类型以及市场的需求偏好等。市场环境又是竞争者决策时必须考虑的重要因素，从而企业可以通过策略行为操纵共同的市场环境影响竞争者的预期，为自己在竞争中获取超额租金创造条件。因此，可以这样描述策略行为的作用机制：在竞争性市场环境中企业为了获取超额租金，根据客观约束条件作出策略行为决策；特定的策略行为通过改变市场环境的客观特征影响竞争者的预期（对市场环境特征的主观判断），使竞争者作出有利于企业的反应决策（reactive decision）。

1.3.2 企业的定义

本书将主要研究对象"策略行为"定义为以不完全竞争市场环境中某个特定的企业组织为行动主体，以获取超额租金为基本目标，以企业主要竞争者的现有行动和预期反应为主要决策前提的企业行为。在定义中，作

---

① 类似的研究简化曾由泰勒尔在其《产业组织理论》一书中采用过。

为策略行为决策的主体，企业由于其含义的复杂性需要重点进行概念界定。

所谓企业，一般意义上是指从事商品生产、商品流通或服务性经济活动，实行独立核算，以营利为目的，依法成立的经济组织。在不同研究者各自的视角下，企业具有不同的含义，它是"在不自觉的统筹协调的大海中的自觉力量的小岛"，是企业家协调配置资源的载体，也是包括若干成员的科层组织。本书对企业的定义以新古典经济学（neoclassical economics）的相关定义为基础，并进行了一定程度的假设修正。

在新古典经济学中，企业主要被视为追求利润最大化的决策主体，是投入产出分析函数的现实载体，因此许多研究者将新古典经济学中的企业称为"黑箱"。传统决策理论中的企业就是新古典经济学中的"黑箱"企业，即忽略企业其他的复杂特性，而简单地将其视为决策环境中抽象的"行为人"（agent）①。并且，作为"行为人"的企业遵循经济理性的假设，即可以在掌握完全信息的基础上通过精确计算与比较实现价值最大化的选择。但是，经济理性的理想化假设与作为现实"行为人"的企业的实际理性水平并不一致，"行为人"有限的理性水平要求决策理论研究改变其理性假设。因此，相对于传统决策理论，本书的研究对作为策略行为决策主体的企业的理性假设进行了修正，即将企业这一决策"行为人"的理性假设由经济理性修正为更加贴近现实的有限理性。

总之，本书研究的企业是策略行为决策的主体，在基本定义上它一方面继承了新古典经济学和传统决策理论的抽象"行为人"的定义；另一方面又修正了原有的脱离实际情况的经济理性假设。在一定意义上，本书研究的企业仍然是一个"黑箱"，特别之处在于它已经从经济理性的"黑箱"转变为有限理性的"黑箱"。需要说明的是，在决策理论研究领域中，有研究者正试图打开企业这一"黑箱"，探讨企业内部不同成员的差异性以及个人决策和团队决策的关系等课题。不可否认，这对准确解读企业的决策行为具有重要的意义，但是本书的研究并不涉及这方面的议题。

---

① 这里对企业更加贴切的称谓应当是新古典经济学经常使用的"厂商"。

1.3.3 有限理性的定义

具备经济理性的经济行为人必须具有一系列"理性"特征：他们具备所处环境的知识即使不是绝对完备，至少也相当丰富和透彻；他们具有一个很有条理的、稳定的偏好体系；他们拥有很强的计算能力，靠此能计算出在他们的备选行动方案中，哪个可以达到最优。换言之，经济理性包含两个递进的隐含假设：其一，特定决策的所有可能性都明确可知；其二，特定决策主体具备在所有可能性中比较择优的完全认知能力。但是，现实中经济行为人由于心理资源的稀缺，无法满足完全信息、稳定偏好和精确计算比较全部备选行动方案的要求，因此，经济理性这一决策研究的理性假设就面临着现实的质疑。

以对经济理性的反思为起点，作为经济理性的替代，有限理性理论逐步发展。根据西蒙基于心理机制和奈特基于不确定性的有限理性研究，可以认为有限理性的根源包括两方面：系统的固有不确定性和行为人心理资源的稀缺。首先，有限理性的外部根源是非线性系统固有的不可预知性，这一不可预知性既包括自然界的不确定性，也包括由行为人交互作用产生的社会不确定性。行为人的行动选择可以看做是一个适应或者对抗所在系统的博弈过程，系统的不确定性从根本上决定行为人在行动选择过程中无法达到全知全能的理想境界，从而派生出所谓的有限理性。其次，有限理性的内部根源是行为人心理资源的稀缺，即行为人信息获取、评估和处理的能力有限。换言之，在绝大多数情况下，即使在特定时空下一个处于稳定状态的系统中，行为人在进行决策时仍然因为认知能力的限制而无法作出"实质理性"的决策。

总之，系统的固有不确定性和行为人心理资源的稀缺是有限理性的两个构面，二者实际上是分别针对经济理性极大化原则两个隐含假设"特定决策的所有可能性都明确可知"和"特定决策主体具备在所有可能性中比较择优的完全认知能力"的有力反驳，这两方面因素在经济活动中的共同作用引致了不容忽视的"有限理性"的现实。

1.4

策略行为决策的困境

1.4.1 策略行为决策的现有理论方法：标准博弈论

根据谢林和奥曼（Aumann）的观点，博弈论的研究对象是决策者行为发生直接相互作用时的决策以及这种决策的均衡问题，策略相互作用是博弈论分析的精髓①。一个企业通过策略行为追求超额租金的过程实质上是不完全信息动态博弈中单方追求博弈占优的过程。因此，博弈理论是企业策略行为最适当的理论工具，可以为策略行为决策提供一个有效的分析范式。

1.4.1.1 博弈论的定义

"博弈"一词来源于棋弈、桥牌及战争中所使用的术语，其正式定义是：一些个人、队组或者其他组织，面对一定的环境条件，在一定的规则下，同时或者先后，一次或者多次，从各自可能选择的行为或者策略中进行选择并加以实施，并各自取得相应结果的过程。博弈论又名对策论、游戏论，是一门研究游戏中参加者各自所选策略的科学。从更广泛的意义上讲，博弈论是研究人与自然界相互作用时（人与人、人与物、物与物）矛盾的差异向统一转化过程中的条件、方式和结果类型等问题的一门颇具数量分析特色的理论。博弈论试图把这些错综复杂的关系数学化、理论化，以便更精确更抽象地理解其中的逻辑，从而对实际应用提供决策指导。

1.4.1.2 博弈论的产生与发展

对具有策略依存特点的决策问题的零星研究可以追溯到 19 世纪初，而现在博弈理论中的一些经典模型，如关于寡头企业的产量决策的古诺

---

① 奥曼认为，博弈论更具有描述性的名称是"交互决策理论"。

（Cournot）模型和价格决策的伯特兰（Bertrand）模型就是古诺和伯特兰分别于 1838 年和 1883 年提出的，但是博弈论的真正发展还是始于 20 世纪。20 世纪 20 年代，法国数学家波雷尔（Borel）用最佳策略的概念研究了下棋和其他许多具体的决策问题，并试图把它们作为应用数学的分支进行系统研究。虽然波雷尔最终没有完成博弈论的理论体系，但是他却做了很有益的尝试。从这一时期起，一些数学家开始对博弈问题的研究投入了一定的注意力。第二次世界大战期间，博弈的思想方法、研究方法被运用到军事领域和战时的其他活动之中，显示出其重要作用和威力。1944 年，冯·诺依曼（Von Neumann）和摩根斯坦（Morgenstern）合著的《博弈论与经济行为》一书的出版标志着系统的博弈理论的形成。二人在著作中概括了经济主体的典型行为特征，提出了策略型与广义型等基本的博弈模型、解的概念和分析方法，构建了博弈论的理论框架。1950～1954 年，纳什（Nash）接连发表多篇论文，用严密的数学语言和简明的文字准确地定义了纳什均衡（nash equilibrium，NE）这一概念，并在包含"混合策略（mixed strategies）"的情况下，证明了纳什均衡在 n 人有限博弈中的普遍存在性，从而开创了"非合作博弈"（non-cooperative game）理论，奠定了现代博弈论学科体系的基础①。纳什的博弈论研究明示了博弈论与经济均衡的内在联系，抓住了博弈论研究的关键，而这个时期的博弈论研究主要集中于静态博弈模型。1965 年，泽尔腾（Selten）认识到静态模型的局限，率先进行了动态博弈模型的研究，发展了逆向归纳法等分析方法，推动博弈论向前发展。1967～1968 年，海萨尼（Harsanyi）开创了不完全信息博弈研究的新领地，初步运用贝叶斯法则②等随机分析方法解决信息不完全和不对称问题。1994 年，纳什、

---

① 如克瑞普斯（Kreps，1990）在《博弈论和经济建模》一书的引言中所说，"在过去的一二十年内，经济学在方法论以及语言、概念等方面，经历了一场温和的革命，非合作博弈理论已经成为范式的中心……在经济学或者与经济学原理相关的金融、会计、营销和政治科学等学科中，现在人们已经很难找到不懂纳什均衡能够'消费'近期文献的领域"。

② 贝叶斯法则提供了 $P(A \mid B)$ 的计算公式，即事件 B 发生后，事件 A 将会发生的（条件）概率。令 $P(A)$、$P(B)$ 及 $P(A, B)$ 分别表示 A 将发生，B 将发生，A、B 都将发生的（先验）概率（即不论 A 还是 B 都没有机会发生之前的概率），贝叶斯法则给出的条件概率公式为 $P(A \mid B) = P(A, B)/P(B)$，也就是说，给定 B 发生，A 发生的条件概率等于 A 和 B 同时发生的概率除以 B 发生的先验概率。

泽尔腾和海萨尼三人由于在博弈论及其应用方面的突出贡献荣获了诺贝尔经济学奖。通常，研究者将由冯·诺依曼和摩根斯坦奠基，纳什、泽尔腾和海萨尼发展的博弈理论称为"标准博弈论"。

1.4.1.3 博弈论的基本概念

在企业、家庭、政府或其他部门内，经济生活包含了许多策略互动的情况。博弈论的分析内容就是在既定规则下两个或两个以上的对手如何选择对每一方都产生共同影响的行为或策略。博弈论的基本要素包括以下六方面：

第一，行为人（player），指博弈中选择行动以达成自身利益最大化的决策主体，一般划分为两人或多人，包括普通居民、工商企业家、金融家、政府等。

第二，行动（action），是指行为人的决策变量，如消费者效用最大化决策中的各种商品的购买量，企业利润最大化决策中的产量、价格等。

第三，策略（strategy），是指行为人选择其行为的规制，即行为人应该在什么条件下选择什么样的行动，以保证自身利益最大化。

第四，信息（information），是指行为人在博弈过程中的知识，特别是有关其他行为人（对手）的特征和行动的知识。

第五，收益（payoff），又称"支付"，是指行为人从博弈中获得的利益水平，是所有行为人策略或行为的函数。

第六，均衡（equilibrium），是指所有行为人的最优策略或行动的组合。

1.4.1.4 博弈的分类

按照不同的分析维度，博弈可以进行不同的分类：

首先，按照行为人行动的先后顺序，博弈可分为静态博弈（static game）和动态博弈（dynamic game）两类。静态博弈是指在博弈中，行为人同时选择或虽非同时选择但后行动者并不知道先行动者采取了什么具体行动。动态博弈是指在博弈中，行为人的行动有先后顺序，且后行动者能够观察到先行动者所选择的行动。

其次，按照行为人对其他行为人的了解程度，博弈可分为完全信息博弈和不完全信息博弈两类。完全博弈是指在博弈过程中，每一位行为人对其他行为人的特征、策略空间及收益函数有准确的信息。如果行为人对其他行为人的特征、策略空间及收益函数信息了解得不够准确，或者不是对所有行为人的特征、策略空间及收益函数都有准确的信息，这种情况下进行的博弈就是不完全信息博弈。

如表1-1所示，根据信息的完全程度和行为人的行动顺序，主要有四种博弈类型：完全信息静态博弈、完全信息动态博弈、不完全信息静态博弈和不完全信息动态博弈。与上述四种博弈相对应的均衡概念分别是：纳什均衡，子博弈精炼纳什均衡（subgame perfect nash equilibrium），贝叶斯纳什均衡（bayesian nash equilibrium）和精炼贝叶斯纳什均衡（perfect bayesian nash equilibrium）。

表1-1　　　　　　　不同的博弈类型及其对应的均衡概念

	静态	动态
完全信息	纳什均衡	子博弈精炼纳什均衡
不完全信息	贝叶斯纳什均衡	精炼贝叶斯纳什均衡

1. 完全信息静态博弈

博弈的标准式表述包括：博弈的行为人，可供每一行为人选择的策略集，针对所有行为人可能选择的策略组合，以及每个行为人获得的收益。如果所有行为人都知道博弈的支付矩阵，那么这一支付矩阵对该博弈的所有行为人而言是"共同知识"（common knowledge）①，则该博弈被称为"完全信息博弈"。相反，如果每个行为人的可能收益只有自己知道，那么该博弈就

---

① 在1976年的论文《同意分歧》中，奥曼把共同知识的概念引入到博弈论中，这一概念最初由李维斯在1969年提出。对一个事件来说，如果所有博弈行为人对该事件都了解，如果所有行为人都知道其他行为人也知道这一事件，并且如果所有行为人都知道所有行为人都知道这一事件，那么该事件就是共同知识。克莱珀斯代表的博弈理论家们长期以来讨论的一个问题就是，"共同知识"是从哪里来的。他发现并提供了至少三个类似的解答：（1）共同知识是在博弈进行前的信息交流中建立起来的某种共识或事前同意的规则。（2）公共知识是博弈者们从事前存在着的一些"习俗"学到的，或者，"习惯行为"。（3）公共知识是由博弈者所在的文化环境提供的，即所谓"焦点理论"，这个解释与哈耶克的基本思想非常接近。

是"不完全信息博弈"。

纳什均衡这个博弈论中最重要的概念能够回答有关博弈中每个行为人如何行动的问题。逻辑上，博弈论对每个行为人的选择做出的预言应当是一个行为人相对于其他行为人被预见策略的最优反应。没有单一行为人愿意背离预见策略，也就是说，这一策略是稳定的或者自动实施的（self-enforcing）（Gibbons，1992）。这一策略就是所谓的"纳什均衡"。

在如图 1－2 所示的囚徒困境（prisoner dilemma）中，尽管（不坦白，不坦白）的选择对两个囚徒来说都比较好，但是由于两个囚徒都企图背离这一选择来获取额外的收益或者避免另一方背叛带来的损失。任何一个背离（坦白，坦白）选择的嫌疑人的利益都会受到损害，而任何一个背离（不坦白，不坦白）选择的嫌疑人都会受益，因此，行为人唯一不会背离的预见策略是（坦白，坦白）。

囚徒2

	坦白	不坦白
坦白	-6，-6	0，-9
不坦白	-9，0	-1，-1

囚徒1

图 1－2 静态博弈：囚徒困境

以囚徒困境为例检验静态博弈的纳什均衡：首先，检查囚徒 1 的最优反应。在图 1－2 的第一列中，如果囚徒 2 "坦白"，那么囚徒 1 的最优反应是"坦白"，则形成（－6，－6）的支付；在第二列中，如果囚徒 2 "不坦白"，囚徒 1 的最优反应也是"坦白"，即形成（0，－9）的支付。接着，首先，检查囚徒 2 的最优反应。在图 1－2 的第一行中，如果囚徒 1 "坦白"，那么囚徒 2 的最优反应是"坦白"，则形成（－6，－6）的支付；在第二行中，如果囚徒 1 "不坦白"，囚徒 1 的最优反应也是"坦白"，即形成（－9，0）的支付。可见，囚徒 1 和囚徒 2 在不同假设中的最优反应都是

"坦白"，因此，（坦白，坦白）就是囚徒困境中的纳什均衡。

2. 完全信息动态博弈

泽尔腾（Selten，1965）发现纳什均衡只注重研究静态的局部的博弈分析，局限于这样一个假定，即任何竞争者在一步博弈中单方面没有意愿去改变策略，忽视了在有先有后的多步博弈中其他行为人改变策略的可能性。泽尔腾提出关于"子博弈精炼纳什均衡"的概念来解决完全信息动态博弈的均衡问题。

与静态博弈的同时行动相对，动态博弈中的行为人序贯行动。由于行动是有顺序的，使用一个树状结构的博弈扩展式表述更加简单和直观。在动态博弈中，假设后行动的行为人能够充分观察先行动行为人的行为，并了解自己在博弈树中的位置，即满足所谓的"完全信息"假设。完全信息动态博弈的均衡概念"子博弈精炼纳什均衡"的基本思想是：在扩展型博弈中的任一点，先行者利用其先行地位及后行者必然理性反应这一事实，来达到对自己最有利的纳什均衡。相应的办法是"逆向归纳法"，就是由后至前先找出后面子博弈的纳什均衡，再逐步向前推。当所有行为人对已泄露的信息达成一致的看法时，剩下来的博弈就是子博弈。在这种情况下，行为人这个子博弈达成的预期协议，不仅是该子博弈的一个纳什均衡，而且也是整个博弈过程的一个纳什均衡。

求解一个动态博弈均衡的方法是逆向归纳的方法（Gibbons，1992）。从数学角度，一个二阶段博弈的均衡解可以通过下列步骤取得：

第一，行为人 1 选择行动 $a_1 \in A_1$，行为人 2 选择行动 $a_2 \in A_2$，而 A_1 与 A_2 是两个行为人各自可能行动的集合。

第二，行为人 1 和行为人 2 的支付分别为 $U_1(a_1, a_2)$ 和 $U_2(a_1, a_2)$。

第三，首先求解行为人 2，给定一个 a_1，求解 $\mathrm{Max}\,U_2(a_1, a_2)$，然后得出 $a_2^* = R_2(a_1)$，其中 $R_2(a_1)$ 是对每个 a_1 而言行为人 2 的最优反应函数。

第四，求解行为人 1，即求解 $\underset{a_1 \in A_1}{\mathrm{Max}}\,U_1(a_1, a_2^*) = U_1(a_1, R_2(a_1))$。

第五，得出均衡解 $(a_1^*, R_2(a_1^*))$。

3. 不完全信息静态博弈

不完全或者不对称信息博弈也被称为"贝叶斯博弈"，原因是在探求均衡解的过程中使用了贝叶斯法则。所谓不完全信息的核心含义是指由单个行为人掌握的"私人信息"的存在，且该"私人信息"与行为人的支付函数有关。贝叶斯博弈的均衡被称为"贝叶斯纳什均衡"，这一均衡的概念与上述博弈均衡相同，即寻求一个没有行为人有动机改变其策略的均衡。

由于博弈的每个参加者都不可能在博弈初期拥有其他参加者所有的信息，这些信息包括各自的爱好、能力甚至博弈规则方面的知识等。因此，在博弈理论的"完全信息"假设与其应用之间就产生了问题。为了解决这些问题，海萨尼（Harsanyi，1964）建立了"不完全信息博弈"，其基本思想是：假定两步博弈，每个参加者所获的信息起点相同，而差异在于不同行为人对博弈规则的理解存在不确定性，这种不确定性将在博弈过程中得到解决。并且，每个博弈行为人对于将如何解决这种不确定性有先验的判断。这就意味着一个行为人在第一轮的信息交换中，可能得知另一行为人没有获得的信息。随后再开展博弈过程，形成博弈均衡结果。海萨尼的研究方法实质上就是把不确定性条件下的选择转换为风险条件下的选择，即所谓的"海萨尼转换"（the harsanyi transformation）。通过"海萨尼转换"，不完全信息博弈变成了完全但不完美信息博弈（games of complete but imperfect information）。所谓"不完美信息"，就是指其他行为人只知道某一行为人某些方面类型的分布概率，而不知道该行为人在这些方面的真实类型。

在完美但不完全信息静态博弈中，所有行为人的真实类型都是给定的。其他行为人虽然不清楚某一行为人的真实类型，但知道这些可能出现的类型的分布概率，而且这种概率是公共知识。行为人的一个策略是关于行动的一个完整计划，包括行为人在可能会遇到的每一种情况下将选择的可行行动。在给定的静态贝叶斯必要时间顺序中，自然首先行动，赋予每一行为人各自的类型，行为人 i 的一个（纯）策略必须包括行为人 i 在每一可行的类型下选择的一个可行行动。在静态贝叶斯博弈 $G = \{A_1, \cdots, A_n; T_1, \cdots, T_n; p_1, \cdots, p_n; u_1, \cdots, u_n\}$ 中，行为人 i 的一个策略是函数 $s_i(t_i)$，其中对 T_i 中的每一类型 t_i，$s_i(t_i)$ 包含了自然赋予 i 的类型为 t_i 时，i 将从可行集 A_i 中选择的行动。不同于完全信息博弈，在贝叶斯博弈的标准式表述中没有给出行为人的策略空间。作为替代，在静态贝叶斯博弈中策略空间可从类型空间与行动空间中构建：行为人 i 的可行（纯）策略集 S_i 是定义域为 T_i，值域为 A_i 的所有可能的函数集。换言之，在完美但不完全信息静态博弈中，行为人同时行动，没有机会观察到别人的选择。给定其他行为人的策略选择，每个行为人的最优策略依赖于自己的类型。由于每个行为人仅知道其他行为人有关类型的分布概率，而不知道其真实类型，因此他不可能知道其他行为人实际上会选择什么策略。但是，他能够正确预测到其他行为人的选择与其各自类型之间的关系。

4. 不完全信息动态博弈

不完全动态博弈的均衡解与前述博弈均衡解相比更加复杂，也更贴近现实情况。在不完全动态博弈开始时，博弈行为人既不知道其他行为人的真实类型，也不知道其他行为人所属类型的分布概率，而只是对这一概率分布有自己的主观判断，即有自己的信念。博弈开始后，该行为人将根据他所观察到的其他行为人的行为来修正自己的信念，并根据这种不断变化的信念作出自己的策略选择。

不完全动态博弈的均衡概念是精炼贝叶斯均衡，该概念是完全信息动态博弈的子博弈精炼纳什均衡与不完全信息静态均衡的贝叶斯纳什均衡的结合。如完全信息动态博弈的精炼子博弈均衡一样，精炼贝叶斯均衡也必须排除不可置信威胁和非连续性许诺，换言之，这一均衡必须序贯理性。与子博弈精炼均衡不同的是，精炼贝叶斯均衡并不能通过逆向归纳方法获得，其原因是这一博弈需要前后循环考察。求解精炼贝叶斯均衡的主要步骤如下：首先，发展精炼贝叶斯均衡的可能选择；其次，检验每个可能选择满足精炼贝叶斯均衡充分条件的情况。

不完全动态博弈的精炼贝叶斯均衡需要满足以下要求：

第一，在每一信息集中，应该行动的行为人必须对博弈进行到该信息集中的哪个节形成推断（belief）。对于非单节信息集，推断是在信息集中不同节点的概率分布；对于单节的信息集，行为人的推断就是到达此单一决策节的概率为1。

第二，给定行为人的推断，行为人的策略必须满足序贯理性（sequentially rational）的要求，即在每一信息集中应该行动的行为人以及行为人随后的策略，对于给定的该行为人在此信息集中的推断，以及其他行为人随后的策略（其中"随后的策略"是在达到给定的信息集之后，包括了其后可能发生的每一种情况的完全行动计划）必须是最优反应。简单地说，该策略是行为人在博弈过程中每一种情况规定下的一个最优行动。

第三，对处于均衡路径之上的信息集，推断由贝叶斯法则及行为人的均衡策略给出。

第四，对处于均衡路径之外的信息集，推断由贝叶斯法则以及可能情况下的行为人的均衡策略决定。

总之，精炼贝叶斯均衡是所有行为人策略和信念的一种结合，具有两个最显著的特征：其一，在给定每个行为人有关其他行为人类型的信念的条件下，该行为人的策略选择是最优的；其二，每个行为人关于其他行为人所属类型的信念都是使用贝叶斯法则从所观察到的行为中获得的。

1.4.2 标准博弈论的缺陷

标准博弈论认为现实中行为人不是孤立地作出自己的决策，每一个行为人的决策不仅依赖于自身所面临的条件及其所拥有的信息，而且也依赖于其他行为人的决策选择。因此，标准博弈论在理性人假定的基础上把行为人行为的互动关系纳入理论模型之中，进一步考察了行为人的决策问题，为社会科学提供了一个新的研究视角来处理各种冲突与合作。但是，该理论却面临着自身无法克服的缺点，即理性假设与经济实践的脱节。

标准博弈论的纳什均衡要求博弈各方都是理性的，并且理性是共同知识，博弈时如果某一方的选择偏离了假设的理性标准，那么博弈就无法进行下去。特别是该理论在利用逆向归纳法对纳什均衡进行精炼时，不但要求行为人完全理性，而且还要求行为人的行为满足序贯理性（sequential rationality），而这一比经济理性更强的要求使得标准博弈论更加远离现实人的实际情况[①]。

[①] 如果说一般博弈均衡策略是一个事先计划好的理性方案，而序贯理性策略可以看成是伺机顺序理性行动的事后总结。

并且，在处理行为人所面临的不确定性时，标准博弈论不仅要求各行为人知道事件的各种状态，而且要求行为人知道每一种状态所出现的概率，并且给定一个先验信念，当出现任何新信息时，每个行为人都能够应用贝叶斯法则修正自己的先验信念，也就是说行为人不但具有很强的计算推理能力，而且能够在一个大的状态空间上应用贝叶斯法则解决相当复杂的问题。现实中多数情况下，行为人并不都具有这种计算推理能力。

此外，标准博弈论面临多重均衡处理的问题，当博弈出现多重均衡特别是多重严格纳什均衡时，纳什均衡分析的有效性就会大打折扣。尽管许多理论家提出了一些方法，如谢林（1960）的"焦点"（focal point）理论，以聚焦均衡的方式实现多重化简[①]；海萨尼和泽尔腾（1988）的风险占优实现多重化简[②]；帕累托（Pareto）的最优均衡实现多重化简[③]等，但始终没能形成获得一致认可的结论。

1.4.3 小结

不完全竞争市场中的企业在进行对其竞争地位和租金获取可能形成重大影响的策略行为决策时，需要适当的理论工具对其进行有效的指导。一般而言，企业策略行为决策的理论工具需要回答的基本问题是：在与主要竞争者冲突和协调的各种可能性中，企业应当采取何种行动来获取收益的最大化[④]。标准博弈论为企业策略行为决策提供了基本的分析范式，是目前企业

---

① 如要求两个局中人独立地写出（-1/2，1/2）中的任意一个实数，若两人所写实数吻合则每人获得奖励，否则，每人受到惩罚。显然，对于一切 $t \in (-1/2, 1/2)$，(t, t) 都构成博弈的纳什均衡，且博弈有无穷多个纳什均衡，或许"心有灵犀一点通"，$(0, 0)$ 才是最可能出现的焦点。

② 如在共同投资问题中，只存在"所有公司都投资大工程"和"所有公司都投资小工程"两个纯策略纳什均衡，前者收益较大但风险也大，后者收益较小但风险也小。对二者最终的判断与选择取决于行为人对大、小工程可能收益、参与对方的行为偏好与习惯以及对投资获益的期望等。从风险角度来看，"全部投资小工程"是优于"全部投资大工程"的风险占优。

③ 帕累托最优均衡是符合帕累托效率的均衡，即任何行为人在不损害他人的前提下都无法再增加自己的收益，从而是达到经济效率的有效结局。如果行为人可以在决策前进行廉价磋商（cheap talk），以确保局中人在选择帕累托最优均衡时只冒较低的风险，那么最终可能增加帕累托均衡出现的可能性。

④ 企业收益具有不同的期限，而策略行为的决策标准是指向短期收益还是长期收益并没有定论，取决于企业决策者的特定决策目标。

策略行为决策最基本的理论工具。

但是，如上面所言，标准博弈理论是以博弈行为人全知全能的"理性"为分析前提的，这一研究前提假定了现实行为主体能力以外的复杂思维过程，假设所有博弈行为人都符合三个条件：其一，策略思考（strategic thinking），即在对其他行为人将如何行动的分析基础上形成信念（beliefs）；其二，最优化（optimization），即对于给定信念选择最优反应；其三，均衡（equilibrium），即行为人调整信念和最优反应至达成相互一致。因此，标准博弈论更倾向于是一种分析方法，一种分析处于博弈中的理性行为人可能怎样行动的数学工具，并且通常基于理性行为人的内省和推理，而不是对现实行为人真实行动的观察。

与标准博弈论研究的前提不同，企业策略行为的决策者并不都是"理性"的，并且，由于策略行为决策者的行为是相互影响的，即使只有极少数的决策者违背"理性"要求，其他决策者的行为也会随之改变，理想化的均衡也同样无法实现。因此，企业策略行为决策的现实并不能满足标准博弈论对博弈行为人的"理性"假定条件。在这样的情况下，标准博弈论对策略行为决策的解释、预测和指导就出现了很多异象，企业策略行为决策也陷入了理论工具的应用假设与现实活动的客观条件相互矛盾的困境之中，而如何打破这一困境则成为亟待解决的问题。

1.5
研究设计与基本框架

1.5.1 研究主题

本书的研究对象是现实存在的，不完全竞争市场中与企业竞争地位构建与超额租金获取是密切相关的，强调企业间交互作用的一类重要企业决策行为，即企业的策略行为。根据新产业组织经济学从中观产业视角对企业策略行为的研究经验，标准博弈论为分析策略行为决策过程提供了有效的分析范式。但是，企业策略行为决策者并不能满足标准博弈论的行为人"理性"的理论假设，这使得标准博弈论的理论分析结果与企业的现实经营活动无法达成一致，即博弈理论无法有效指导企业决策者寻求策略行为决策的优化路径。

根据爱因斯坦（Albert Einstein）对理论方法的定义，作为研究不同信息条件下行为人如何进行互动决策的理论，博弈论应当尽可能准确地预言和解释现实经济活动。当经济现实与理论模型的结论不一致时，研究者的工作方向就是改造理论模型，提高其实证效用，这一思想也是本书研究主题的基础。面对企业策略行为决策的困境，本书的研究主题就是在一个贴近决策者现实理性状态的研究前提下修正标准博弈论，以求达到准确解读决策者在现实约束中如何行动的目的，并以此为基础对现实的企业策略行为决策提供有效的理论分析框架和经验行为法则。

1.5.2　研究思路

本书的研究框架可以简单表示为图 1 – 3 所示的结构。

本书首先在导论中阐述研究背景，在对以 *Strategic Behavior* 为研究对象的经典文献分类综述后，提出本书对策略行为、策略行为的主体—企业、策略行为主体的理性假设—有限理性等基本概念的界定，并明确指出本书的研究视角、目的以及现有研究的关联和差异。通过对策略行为的作用机制和典型范例进行分析可见目前标准博弈论是企业策略行为决策的主要理论方法，但是这一理论方法的应用前提与企业策略行为决策的客观条件存在矛盾，而解决这一矛盾，为企业策略行为决策提供行之有效的理论指导方法就是本书试图达成的研究目的。此外，本章还对全书的研究主题、框架结构、研究方法以及创新之处进行了必要的说明。

企业策略行为决策的现有理论方法与客观实践之间矛盾的焦点在于，作为策略行为决策理论方法的标准博弈论以行为人"经济理性"为分析前提，而现实中企业策略行为决策者无法达到理论要求的理性标准，只能是"有

```
┌──────────────────────────────┐      ┌──────────────────┐
│    企业策略行为决策的困境      │─────▶│    问题的提出     │
└──────────────────────────────┘      └──────────────────┘
              │
              ▼
┌──────────────────────────────┐
│  企业策略行为决策的理性假设演进 │─────┐
└──────────────────────────────┘     │
              │                       │
              ▼                       │    ┌──────────────┐
┌──────────────────────────────┐     │    │ 基于有限理性的 │
│ 基于有限理性的企业策略行为决策 │─────┼───▶│ 策略行为决策的 │
│        的均衡标准             │     │    │   理论体系    │
└──────────────────────────────┘     │    └──────────────┘
              │                       │
              ▼                       │
┌──────────────────────────────┐     │
│ 基于有限理性的企业策略行为决策机制│───┘
│        的影响因素             │
└──────────────────────────────┘
              │
              ▼
┌──────────────────────────────┐      ┌──────────────┐
│    策略行为决策实验：          │      │ 基于有限理性的 │
│ 以双寡头企业研发竞赛为基础      │─────▶│ 策略行为决策的 │
└──────────────────────────────┘      │   实验研究    │
              │                        └──────────────┘
              ▼
┌──────────────────────────────┐
│    结论、应用和研究展望        │
└──────────────────────────────┘
```

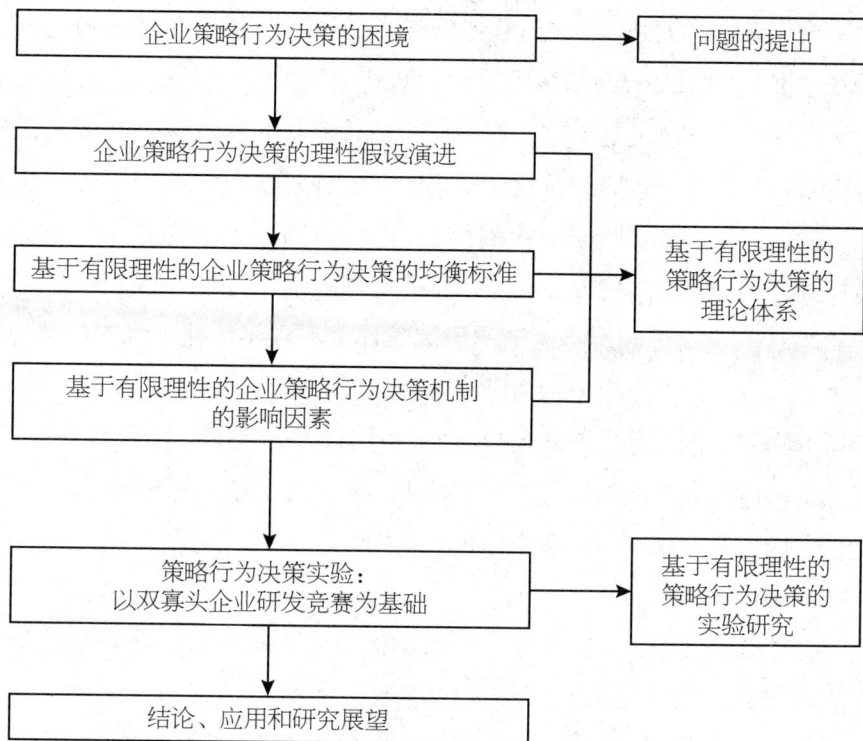

图 1-3 企业策略行为决策研究框架

限理性"的。要将标准博弈论修正为能够准确解读企业策略行为决策者在现实约束中如何行动的理论，首先必须完成相关理论理性假设的演进，将传统的经济理性修正为现实的有限理性，并明确回答什么是有限理性的问题。本书在第 2 章详细分析了策略行为决策理论研究理性假设的演进，具体阐述了经济理性的含义、经济现实对经济理性假设的质疑、有限理性理论的发展以及决策视角下不同理性观点的解释与比较，并重点说明了在企业策略行为决策研究中有限理性假设与现实客观条件的对应关系。

以有限理性作为交互决策行为人的理性假设时，交互决策的均衡结果将不再以标准博弈论所强调的客观精确计算与比较为基础，而取决于不同行为人的主观最优反应判断。因此，基于有限理性的企业策略行为决策的标准也由原来的纳什均衡转变为可数性反应均衡。本书第 3 章在策略行为决策者有限理性的研究假设下，说明作为决策标准的可数性反应均衡与纳什均衡的关系，可数性反应均衡的一般均衡分析框架，参数化可数性反应均衡的求解过程和动态收敛性质，以及参数化可数性反应均衡的实验证明和研究应用演示。

可数性反应均衡是基于有限理性的企业策略行为决策研究的核心概念。研究有限理性条件下的策略行为决策机制就是研究可数性反应均衡的形成与变动过程，而由于表示交互决策的行为人受噪声影响程度的参数 λ 是决定可数性反应均衡的具体位置和动态轨迹的基本因素，因此确定有限理性条件下的策略行为决策机制影响因素的研究工作就可以具体化为确定参数 λ 的影响因素。本书第 4 章根据行为经济学和经济心理学的研究成果，参考选美竞猜博弈实验、最后通牒博弈实验、独裁博弈实验和信任博弈实验等实验研究结论，指出有限理性条件下交互决策中不同行为人主观的最优反应判断主要受三方面因素的影响，即思维推理能力的约束、重复决策的学习效应和个性化的效用评估倾向。

为了验证前文在有限理性条件下构建的企业策略行为决策的理论框架，本书第 5 章以对称双寡头企业研发竞赛的博弈模型为基础设计并实施了一个抽象的博弈实验，具体包括管理学实验室研究的方法论依据、实验的设计依据、实验的具体设计、实验的数据报告和对实验数据的分析结论。

最后，本书第 6 章总结全书的研究结论，根据理论研究框架和实验结论提出若干对企业策略行为决策实践有所启示的经验法则。另外，本章还总结了本书研究的创新之处，同时针对现有研究可能存在的局限性提出进一步研究的方向和前景。

1.5.3　研究方法

经济学的创立以 1773 年斯密发表《国富论》为标志，而管理学的成立以 1926 年泰罗发表《科学管理》为标志。就学科成立的时间而言，经济学研究的历史显然比管理学更加悠久；而从学科的影响力而言，经济学研究经过两百多年的发展已成为社会科学的最重要的学科，形成了所谓的"经济学帝国"。管理学的研究以经济学、数学和心理学为基础：经济学是管理学中各种决策的出发点和依托；数学是管理科学中数量分析的基础；而心理学是管理学研究人际关系、调动人的积极性的依据。在一定意义上，管理学更像是经济学在微观应用方面的发展，其深刻的经济学烙印难以磨灭。

西蒙（1957）形象地将经济学称为"管理学的叔伯兄弟"，而经济学的发展的确为管理学提供了一个很好的借鉴。很多情况下，经济学理论为管理学研究提供了分析的框架。例如，管理学的分支学科——战略管理研究就与经济学的分支学科——产业组织经济学研究具有密切关联。波特（Porter）的"结构—行为—绩效"（SCP）的分析体系和战略集团的概念最初是在产业组织经济学领域作出的研究成果，但也为早期企业战略管理提供了基本理论支撑。另外，交易成本经济学和代理理论也是产业组织经济学对企业战略管理研究的贡献。可以说，产业组织经济的研究范式对企业战略管理研究起到了关键的指导作用。产业组织经济学与企业战略管理研究的对象往往非常类似，而研究的差别就在于研究角度的不同，前者着眼于产业的中观层次，而后者的视角着眼于企业的微观层次。还是以波特的竞争优势研究为例，著名的"五力模型"最初的应用领域是分析一个特定行业的竞争态势，而在企业战略管理领域则转而应用于分析企业的竞争地位，直接为特定企业的价值实现服务。可以说，分别从中观视角和微观视角对企业行为的关注往往出现重合，而在时间上处于领先地位的中观视角研究经常能够为微观视角的研究提供可以参考的分析范式。

在本书以企业策略行为为目标对象的研究中，产业组织经济学研究的指导作用仍然十分显著。换言之，本书的研究继承了企业战略管理研究借用产业组织经济分析范式的传统，试图以新产业组织理论曾采用的博弈论作为企业策略行为的基本分析范式。在这个分析范式中，企业是新古典经济学定义的"黑箱"，即抽象的"行为人"，而企业策略互动决策的均衡结果和优化机制则是博弈论提供的分析范式试图求解的对象。不过，在新产业组织经济学的策略性行为研究中存在一个严重削弱其实践指导意义的问题，即其采用的标准博弈论假定的经济理性与现实企业"行为人"的理性水平存在显著的差异。本书从微观视角出发，借鉴新产业组织经济学的分析范式，对企业"行为人"的理性假设进行了回归现实的修正，即在企业"行为人"有限理性的理性假设下开展进一步研究。

尽管二者之间具有密切联系，经济学与管理学在研究方法上却有明显的区别：经济学研究一直试图在严格假设的框架下构建优美模型，从而揭示某个一般性的规律，再进一步利用一般性的规律解释个别的经济现象；管理学研究却往往从特例出发，在观察一些现实存在的特殊微观现象后，通过总结相关案例的经验教训，试图归纳可推广的经验规律。可以说，经济学注重一般性，而管理学却注重特殊性。作为管理学研究的课题，本书的企业策略性决策研究从对一类特殊的强调策略互动的企业决策（如研发竞赛投资决策）的观察为起点，在分析这类企业决策的关键特征和内在机制之后，寻求该类企业决策的分析范式。在分析范式的探讨中：首先，确定符合现实情况的决策者理性假设；其次，在理性假设下沿用博弈论的逻辑体系求解可表示为若干变量的函数形式的决策均衡结果；再其次，根据现实案例和实验研究的结论归纳演绎决策均衡结果函数中变量的影响因素；然后，在研发竞赛投资模型的逻辑基础上，设计策略互动决策实验，通过实验结论验证策略行为决策分析范式；最后，结合策略行为决策机制的理论分析结论和实验结果提出企业策略行为决策的经验法则。可以说，本书在探寻有限理性条件下的企业策略行为决策的分析范式的过程中主要采用了规范研究方法，而在验证研究结论的过程中则使用了实验研究方法。

1.5.4 可能的创新之处

1.5.4.1 研究对象的创新

尽管不完全竞争市场中与企业的竞争地位和价值实现密切相关的策略行为是现实存在的，但是它一直没有作为特定的研究对象引起研究者足够的重视。现有的 *Strategic Behavior* 研究中存在的问题是：基于特定企业微观视角的研究仅仅将其视为企业战略在操作层面的行为表现，根本没有赋予其交互决策的定义；而强调交互决策的研究视角却集中于中观产业层次，其研究目标是解释市场现象和提供政策建议，并不关注特定企业的价值实现。本书的研究选择企业价值实现的微观视角，并以交互决策为关注焦点，在现有研究的基础上重新定义策略行为的概念，弥补了企业决策研究的一个空白。并且，本书在分析"经济理性"研究假设基本含义以及所受到的质疑的基础上，提出以双构面"有限理性"作为替代性的研究假设，使研究对象更加贴近经济现实。

1.5.4.2 理论工具的创新

标准博弈论为企业策略行为决策提供了基本的理论分析框架，但是由于其研究理性假设与经济现实存在矛盾而需要进行修正。本书在"有限理性"的研究假设下，试图对标准博弈论进行修正，以现有的行为博弈理论、博弈学习理论和大量的博弈实验为基础，构建能够为现实决策者进行企业策略行为决策提供有效指导的理论框架。

1.5.4.3 研究方法的创新

在"实验经济学之父"史密斯（Vernon L. Smith）2002 年获得诺贝尔经济学奖之后，实验研究方法在经济学研究中已经具备了举足轻重的地位，而管理学实验也随之引起研究者新的重视并取得了一定的发展。近年来，许多研究者在管理决策方面的实验逐渐被主流学术界接受[①]。管理学的实验研究能够为管理理论学习和研究者提供更加贴近现实的理论与实践交互作用的环境；并通过观察、分析实验行为人的行为和人机交互的结果，为修正管理学的研究视角以及参照系，完善管理理论实证研究提供科学手段，进而为改进丰富已有理论，发现新的理论提供支持。依据现有的管理学实验研究，在对企业策略行为决策进行系统研究的基础上，根据双寡头企业研发竞赛投资博弈模型的内在逻辑，本书设计了一个简单的策略互动实验，试图通过实验结论验证本书构建的有限理性条件下的策略行为决策理论分析框架的有效性。

[①] 实际上，作为管理学科发端的泰罗科学管理理论正是以实验研究为基础的，并且在管理学发展的过程中出现了如梅奥的霍桑实验、赫兹博格的双因素实验、利皮特和怀特的领导风格和群体行为实验、麦克里兰的成就需求实验、德西的内激励和外激励实验等具有代表性的实验研究。但是，近年来管理学实验研究的发展处于停滞状态，直到实验经济学的兴起才重新找到发展契机。

第 2 章

策略行为决策研究
理性假设的演进

根据新产业组织经济学从产业中观视角对策略行为的研究经验，标准博弈论能够为这一以交互作用为关注重点的研究对象提供基本的分析范式，是目前企业策略行为决策最基本的理论工具。但是，现实的企业策略行为决策者并不能满足标准博弈论对博弈行为人有关"理性"的假设条件。因此，标准博弈论对策略行为决策的解释、预测和指导就出现了很多异象，企业策略行为决策也陷入理论工具的应用假设与现实活动的客观条件相互矛盾的困境之中。企业策略行为决策研究困境的焦点在于，作为策略行为决策理论方法的标准博弈论是以行为人"经济理性"（economic rationality）为分析前提的，而现实中企业策略行为决策者无法达到理论要求的理性标准。要将标准博弈论修正为能够准确解读企业策略行为决策者在现实约束中如何行动的理论，首先必须完成从传统的"经济理性"向现实的"有限理性"（bounded rationality）的研究假设的演进。

2.1

经济理性简述

2.1.1　经济理性的由来

在斯密（Adam Smith）1776 年发表《国富论》之后，经济学从古希腊哲学中分离出来成为一门系统的学问。以斯密为代表的古典经济学（classical economics）关注的核心是人类经济活动如何减少资源的稀缺程度，即国民财富的增长及国别差异的原因，尤其关注人类的经济活动（如分工和专业化）如何能够减少资源的稀缺程度。1890 年马歇尔《经济学原理》的出版，标志着新古典经济学的形成，其关注的核心逐渐转向在给定稀缺程度下资源的最优配置问题。稀缺资源的配置需要人的参与，也就是说经济学研究的问题演变为关于经济活动中行为人如何把稀缺的资源配置到效率最高地方去的问题，强调个体行为在资源配置中的作用。

经济行为人的决策行为是通过高度复杂的思维活动作出的，为了更好地从微观个体行为来解释资源配置问题，新古典经济学借用了哲学的"理性"（rationality）概念对复杂的人类行为过程进行了抽象的假定。根据《国际社会科学百科全书》，"理性"是逻辑指引下的思考，它可以更广义地定义为问题的解决和批判的思考，但只有在强调了逻辑成分时，它才可成为有价值单独讨论的特定的思想方法。因此无论知觉、想象、试错法这类活动有着怎样出色的成果，仍然是被排除在理性之外的。根据《哲学大词典》解释，"理性"是指人的一种认识能力、精神技能，可分为广、狭二义。就狭义说，理性专门作为一个认识论的范畴，指人的高级认识能力或阶段。就广义说，理性泛指人的健全的理智、健全的思想和知识，与迷信、愚昧无知相对立。上述解释基本代表了哲学语境中，甚至一般大众心目中对"理性"的基本认识。然而，理性一词用于经济学时对其含义的理解与其哲学范畴中的含义已经有了明显的区别。哲学中的理性是指人类所特有的用以探索自然和社会奥秘的认知能力[①]；经济学中的理性，即经济理性则是指一种行为方式假定，即行为人对其所处环境的各种状态及不同状态对自己支付的意义都具有完全信息，并且在既定条件下每个行为人都具有选择使自己获得最大效用或利润的意愿和能力。这种行为人行为方式假定在印有经济学烙印的管理学科分支（如决策理论）中长期处于主导地位。

需要说明的是，下面提及的理性都属于经济理性的范畴，区别于通常的哲学理性概念。严格地讲，经济理性既不是个体与生俱来的天性，也不是个体后天学习和模仿的习得，而是生存环境经过时间的梳理和剪辑在个体行为上留下的印记。研究者认为，人类行为之所以具有经济理性特征，是因为只有这样的人类行为才能穿越漫长的生存空间被研究者所观察和领悟，即著名的对经济理性的"As if"论述[②]。

2.1.2 经济理性的含义

经济理性是一种对经济行为人行为方式的抽象假定，其基本含义包括以下三点。

2.1.2.1 自利性假设

受孟德维尔（Mandeville，1729）的"蜜蜂寓言"[③]的启发，斯密在《国富论》的研究中提出，自利性（self-interest）与社会性（social affectivi-

---

① 康德（Kant，1781）在其著作《纯粹理性批判》一书中指出，人类理性即认知能力，并不是万能的，而是有限的。

② 针对许多社会学家批评经济理性假设太强、脱离现实，1951年，阿尔钦撰文提出著名的对经济理性假设的辩护"As if"。该辩护说，假设从洛杉矶到芝加哥有若干条路径，有些路径在中途设有加油站，有些路径是没有加油站的，那么远的距离，汽车找不到加油站肯定会在中途熄火。那么在芝加哥的经济学家看来，所有能够开到芝加哥来的司机，相当于好像是都理性地选择了那些有加油站的路径。因此，经济理性假设是事后解释演化结果时可以接受的假设。

③ 孟德维尔在《蜜蜂寓言，或个人劣行即公共利益》一书中提出：每个人自由地进行利己的活动，会自然而然地促进全社会的繁荣，而且其效果要比以非利己为目的而进行的活动大得多。他指出：在蜜蜂的社会里，如果（被认为的）劣行和奢侈风行，那么这个社会就繁荣昌盛；如果代之以（被认为的）道德和简朴，那么这个社会就冷落衰退。他还认为，一个人之所以成为社会动物，不是友情，不是善性，不是恻隐之心，不是装模作样的殷情厚意，而是他那最卑鄙和最可恶的本性，这本性是使他能够适合于这个最大的、世俗地说也就是最幸福和最繁荣的社会的必要的条件。简而言之，就是："私心之恶常结公益之果"。

ty）并列为人的双重本性①。根据贝克尔和阿尔钦的观点，人的社会性归根结底是基于人的自利性基础上的所谓"启蒙了的利己主义"（enlightened egoism），而人的自利性是生存竞争和社会进化的结果。换言之，经济学家观察到的社会竞争的幸存者似乎都是按照"自利原则"行事的人，而不按"自利原则"行事的人会在社会竞争和进化中消亡。并且，在斯密看来，自利原则不仅是个人经济行为的原始动因，而且是促进整个社会发展的"第一推动力"。

2.1.2.2　一致性假设

一致性假设的含义是指每一个人的自利行为与群体内其他人的自利行为之间是可以保持一致的。具体而言，每个行为人在追求自己的私人利益时，会在一只"看不见的手"的引导下，最大限度地增进群体的利益。在从事经济活动时，每个人所考虑的不是群体利益，而是他自身的利益。但是，在市场机制这只"看不见的手"的作用下，他对自身利益的追求自然会（或不如说必然会）引导他将资源运用于最有利于群体的用途。这一假设为存在于群体中的每一个人的自利行为提供了合理的存在空间，回避了可能的"自利"与"损人"的冲突。

2.1.2.3　极大化原则

极大化原则起源于马歇尔《经济学原理》的研究，也是奥地利学派发起的"边际革命"的结果②。该原则承接边沁关于"幸福与痛苦"的功利

---

① 斯密认为，人类几乎随时随地需要同胞的协助，想要仅仅依赖他人的恩惠，那是一定不行的。如果他能够刺激他们的利己心，使有利于他，并告诉他们，给他做事，是对他们自己有利的，他要达到目的就容易多了。不论是谁，如果要与旁人做买卖，他首先要这样提议。请给我所要的东西吧，同时你也可以得到你所要的东西，这句话是交易的通义……我们每天所需要的食料和饮料，不是出自屠夫、酿酒家或烙面师的恩惠，而是出自他们自利的打算。我们不说唤起他们利他心，而说唤起他们利己心的话。我们不说自己有需要，而说对他们有利。

② "边际革命"使经济学进入了一个新的阶段，其研究将经济学研究的注意力从对经济世界的一般描述转向市场本身更复杂的模型。它强调个人作为消费者和生产者对希望与欲望的满足。在完全竞争的条件下，对效用的计算支配着个人的理性选择，并引起价格调整过程。这个调整过程是走向均衡的理想条件。在均衡状态下，所有资源都被充分调动起来，以便更好满足需求。瓦尔拉斯的一般均衡理论对此做出了最好的诠释。他从家户的效用最大化行为出发，得出家户对各种产品的需求函数和对各种要素的供给函数，从厂商的利润最大化行为出发，得出厂商对各种产品的供给函数和对各种要素的需求函数，并把各种商品（产品和要素）的供给和需求都看作所有商品价格的函数。以此为基础，瓦尔拉斯对一般均衡的存在性、唯一性、稳定性和效率性进行了系统的论述。至此，"经济理性"的概念始终与经济行为的动机联系在一起。

主义（utilitarianism）道德哲学[①]，又同时引入实证主义的"行为"概念。可以说，个体对最大幸福的追求，或者等价的追求最小化痛苦，导致形成逻辑上的"极大化原则"。这一原则要求经济理性将幸福扩大到"边际"平衡的程度，即个体为使幸福增进一个边际量所必须付出的努力，等于这一努力所带来的痛苦。

2.1.2.4 小结

可以说，经济理性含义中的"自利性假设"和"一致性假设"实际上是"极大化原则"的铺垫，前者为极大化的动机提供了完美的解释，为极大化的客体划定了明确的范围；而后者为极大化的存在假定了合理的空间。在这个意义上，许多研究者将经济理性等同于极大化原则也不无道理。经济理性认为经济行为人可以完全认识自然与社会，并基于这一完全认知能够实现自身效用的极大化，而极大化的实现包含两个递进的隐含假设：其一，特定决策的所有可能性都明确可知；其二，特定决策主体具备在所有可能性中比较择优的完全认知能力。

2.2

对经济理性的质疑

随着经济学研究的深入发展，经济理性的三个基本含义都受到了不同程度的质疑。

---

① 边沁为功利下的定义是：追求快乐，逃避痛苦。边沁为了使自己的哲学能够解释一切人类行为，提出了多达十四种的"简单快乐"（simple pleasure），称为"感官的清单"。它们是：感官（sense）的快乐，财富（wealth）的快乐，技艺（skill）的快乐，和睦（amity）的快乐，声誉（a good name）的快乐，权力（power）的快乐，虔敬（peity）的快乐，行善（benevolence）的快乐，作恶（malevolence）的快乐，记忆（memory）的快乐，想象（imagination）的快乐，期待（expectation）的快乐，交往（association）的快乐，减除痛苦（relief）的快乐。

2.2.1　对自利性假设的证伪

自利性假设认为与利益密切相关的社会竞争幸存者似乎都遵循"自利原则"。但是，现实存在的无法用亲缘理论和互惠理论解释的纯粹利他行为却直接反证了自利性假设的缺陷，其中最具代表性的就是被桑塔菲学派经济学家称为"强互惠"（strong reciprocity）的行为。"强互惠"行为被发现存在于经典公共品博弈实验中，其特征是：在团体中与别人合作，并不惜花费个人成本去惩罚那些破坏合作规范的人（哪怕这些破坏不是针对自己），甚至在预期成本得不到补偿的情况下也这样做。"强互惠"能抑制团体中的背叛、逃避责任和"搭便车"行为，从而有效提高团体成员的福利水平。但是实施该行为需要个人承担成本，并且不能从团体收益中得到额外补偿。可以说，"强互惠"是一种存在于经济现实中的明显具有正外部性的利他行为，却与经济学研究的自利性假设南辕北辙①。

2.2.2　对一致性假设的否定

一致性假设为必然存在于特定群体中的个人的自利行为提供了合理的存在空间，回避了"自利"与"损人"可能的冲突。但是，囚徒困境博弈模型说明，个人理性决策的交互作用可能导致群体无理性的后果。囚徒困境博弈的行为人在全面考虑各种行为可能性后，通过精确计算比较，作出完全符合个人理性的行为选择。但是，事实上博弈行为人符合个人理性的决策造成了行为人群体福利的最大损失，而作为群体的成员，博弈行为人既没有完全

---

① 桑塔菲学派的"强互惠"研究的主要成果是发表于 2004 年 2 月美国《理论生态生物学》杂志的论文《强互惠的演化：人类非亲缘族群中的合作》。在该论文中，研究者假设在一个存在于游猎—采集时代的族群，一个族群的成员能够从互相忠诚的群体规范中得到好处。"强互惠者"恪守这些规范并惩罚那些违反规范的人，甚至不惜使自己的适存度降低到族群其他成员之下；那些没有受到惩罚的"自私者"，则通过违反这些规范来获取自身利益；而那些单纯的"合作者"，只知道遵守这些规范从不惩罚他人以"搭便车"。基于个体行为的计算机仿真显示，那些最初非常稀少的"强互惠者"可以得到繁衍，从而使族群中三种典型的行为者保持大致稳定的比例。其结果，可以使一个族群维持较高的合作水平。

保障个人利益，其个体理性行为的存在还直接影响了群体内其他成员的利益获取。可以说，囚徒困境博弈模型所表现的个体理性与群体理性（collective rationality）的冲突实际上是对一致性假设的否定，指出经济现实中个体自利行为在群体环境中所受的客观限制。

2.2.3 对极大化原则的怀疑

极大化原则以自利性假设和一致性假设的成立为前提。如果自利性假设不成立，那么极大化的动机就无法得到完美的解释，极大化的客体也失去明确的范围；如果一致性假设不成立，那么极大化的存在也就没有了合理的空间。因此，自利性假设和一致性假设受到的质疑动摇了极大化原则存在的基础。此外，极大化原则包含的对决策条件和决策主体绝对化的理想假设与可直观感知的经济现实相去甚远，而这一差距必然会影响极大化原则的有效性。

2.2.4 小结

经济学是管理学产生与发展的基础，而管理学对经济学的实用化具有巨大的推动作用，在一定意义上，经济学通过管理学才能转化为现实生产力。因此，作为经济学开展所有相关研究的前提假设，行为人经济理性的假定不可避免地随着经济基础理论在管理学研究中的广泛应用而相应进入了管理学的理论框架。但是，相对于经济学研究偏重于人的"自然属性"，管理学研究由于其更强的实用性更加强调人的"社会属性"。因此，经济理性的行为人理性假定在管理学研究中面临更加严峻的质疑，以经济理性为研究前提的理论在企业管理实践的运用中往往陷入这样的困境，即可以提供逻辑上无矛盾的分析范式，却无法真正有效预测和指导行为人的现实行动。因此，修正经济理性的研究假设就成为理论研究的重要任务，在与实践应用密切相关的管理决策研究中尤其如此。而一个可用来替代经济理性的行为人理性假设"有限理性"成为现实的选择。

2. 3
有 限 理 性 理 论 的 发 展

　　在经济理性面临质疑的同时，许多经济学家对于抽象的经济理性假设的缺陷发表了各自不同的观点。克尼斯认为，经济理性假设实际上是说人总是受纯粹自私动机的驱使，这就是否认有任何良好动机的存在，就等于把人看做具有许多在作用上互不相关的心理活动中心的生物。经济学家希尔德布兰德（Hildebrand）指出，抽象的经济理性假设并没有反映现实行为人的全貌，实际上"人作为社会的一员，是文明的婴儿和历史的产物。人的需要、人的人生观、人和物质对象的关系都不会相同，地理影响着他们，历史改变着他们，而教育的进步可能完全改造他们"。凡勃伦认为，经济理性假设下的行为人是科学想象的功绩，但不是对事实的有力表现。它是科学推理的一种权宜之计，而且只能用到一些抽象原理和基本的科学法则上，而这些原理和法则仅存在于抽象领域内。可是，一旦这样做了，这些原本不是实际上的东西却被理解为真实的而被接受，成为研究思想习惯的一种有效成分，形成关于事实的知识。这就造成经济理性假设下的理论不仅不能有效地解释现代社会，反而有害于人们对社会真相的探讨。在对经济理性的批评中，西蒙的研究最具代表性，因为他不仅指出了经济理性假设的缺陷，而且为经济理性假设提供了可替代的选择，即有限理性假设①。

---

　　①　针对主流经济学的经济理性假说，贝克尔（1962）、卡尼曼（1973）等研究者提出要重视对人的非理性（irrationality）的研究，森（1977）甚至直接称"理性经济人"为"理性的白痴"。但是，上述研究者对于何谓"非理性"并未达成共识，而根据心理学理论，如果行为没有经历适当的思考而仅仅是对其影响机制的条件反射，则这种行为通常被解释为非理性行为，这显然与经济学研究的非理性行为存在一定的差异。如贝克尔所言，理性和非理性具有相容性，而区分经济行为（尤其是决策行为）的理性和非理性属性的困难就在于理性和非理性行为的同构或相容。西蒙以有限理性为基础所强调的过程理性学说，在很大程度上调和了这种同构或相容。也正因为如此，该学说得到了学术界最广泛的认同，本书的研究也选择有限理性作为经济理性的替代。

2.3.1 西蒙的有限理性理论

2.3.1.1 研究的起点

根据米勒（Miller）等学者有关人类记忆的组织结构、过程以及大脑加工所有任务的基本生理约束的研究结果，西蒙认为有关决策的合理性理论必须考虑人的基本生理限制以及由此而引起的认知限制、动机限制及其相互影响。因此，现实经济活动中的决策者并不能完全符合传统理性的概念，他们并非是全知全能的，其决策时会面临不完全信息、有限的知识和计算能力等限制，他们的决策过程将是简化支付函数、有限的信息搜集和支付的部分排序。简而言之，考虑到限制决策者处理信息能力的约束，决策者的理性将是有限的。

2.3.1.2 有限理性的心理机制

西蒙的有限理性理论首先探讨了有限理性的心理机制。其相关论述认为，人类理性在一定的限度之内起作用，但理性的适用范围是有限的。实际上，这是对经济理性极大化原则的基本含义之一"特定决策主体具备在所有可能性中比较择优的完全认知能力"提出了质疑。

如西蒙所言，"一切管理决策都有一个内在约束，即可用资源的稀缺性"，这种约束"可能就是（生物学定义的）生物自身的生理、心理限度"。决策理论中对理性研究的模式因为将人看做信息加工系统的观点的出现而发生改变。由于人必须从外界接受信息，所以必须把决策置于人与环境相互作用的框架中加以研究。人在与环境的积极相互作用中，其能动性和智慧可以得到充分的展现，而不再是机械的环境接受者。在真实世界中的决策环境里，有限的计算能力和对环境的认知能力必然意味着人类理性是有限的，而有限理性的心理机制正是人类有限的信息加工和处理能力。

2.3.1.3 实质理性和过程理性

西蒙进一步通过解释"实质理性"（substantive rationality）和"过程理

性"（procedurally rationality）两个概念，以及它们之间的区别和联系对有限理性作出进一步说明。所谓实质理性，其含义是"当行为在给定条件和约束所施加的限制内适于达成给定目标时，行为是实质上理性的"。所谓过程理性，其含义是指"行为是适当的深思熟虑的结果，过程的理性取决于产生它的过程"。而现实中的"过程理性"却在理论表达时被研究者默认为更偏向于结果的"实质理性"。有限理性是对理想的"实质理性"的否定，是对现实的"过程理性"的回归。实际上，理性的载体应当是"思维的程序"，而非"思维的结果"。也就是说，个体并不拥有超出其认知能力之外的复杂计算能力，而只拥有进行合理行动步骤的资源，只能追求决策过程在逻辑上的无矛盾，而无法完全实现某种工具价值的最终"极大化"。

2.3.1.4　满意化原则

西蒙通过有限理性的理论分析，完成了对经济理性含义中极大化原则的修正。具备经济理性的经济行为人必须具有一系列"理性"特征：他们具备所处环境的知识，即使不是绝对完备，至少也相当丰富和透彻；他们具有一个很有条理的、稳定的偏好体系；他们拥有很强的计算能力，靠此能计算出在他们的备选行动方案中哪个可以达到最优。但是，现实中经济行为人由于心理资源的稀缺，无法满足完全信息、稳定偏好和精确计算比较全部备选行动方案的要求，只能选择满意原则替代极大化原则。如西蒙所言，与其把一个个体理性的人看成一个冷静的（cool）、见多识广的（well-informed）、从容不迫的（unhurried）、实质理性的经济人，不如把他视作一个敏捷的（quick）、卑微的（dirty）、知足常乐的现实人更为合理。

以稻草堆中寻针为例，西蒙提出以有限理性代替绝对化的经济理性，两者的差别在于：经济理性的行为人企图找到最锋利的针，即寻求最优；而有限理性的行为人找到足可以缝衣服的针就满足了，即寻求满意。可以说，西蒙的有限理性研究和满意化原则的提出，拉近了理性选择的预设条件与现实生活的距离。

2.3.2 基于博弈模型的有限理性理论

2.3.2.1 对西蒙理论的质疑

尽管西蒙完成了迄今为止最具代表性的有限理性研究，但是近半个世纪以来研究者对有限理性仍然没有形成一致的理论观点。西蒙的有限理性理论是"考虑限制决策者信息处理能力的约束的理论"，因此他提议将不完全信息、处理信息的费用和一些非传统决策者目标函数作为有限理性三要件引入经济分析，从而弥补理论原有的缺陷。

然而，在过去二三十年中经济理性假设下的主流学派模型可以在完全均衡框架内吸收上述三要件。近年发展起来的各种包含决策和计算成本的经济模型证明，如果计算和收集信息的费用很高，最优决策和全部均衡中就会出现直观决策、模仿、按固定规则决策等看似非完全最优化的决策过程，但这类决策不是如西蒙所言的非最优化而只求满意的决策，而是考虑计算成本的约束条件下的最优化决策。最优决策的本质并未变，只是当约束条件复杂时，最优决策的形式也多样化了。因此，不少学者认为西蒙的有限理性研究还不足以构成有限理性理论的核心。

2.3.2.2 基于博弈模型的探讨

1980 年以来，部分研究者开始通过对博弈模型的研究进一步探讨经济学的理性问题。囚徒困境模型说明，个人理性决策的交互作用可能导致群体无理性的后果。尼曼（Neyman，1985）和鲁宾斯坦（Rubinstein，1986）提出的有限固定规则机制（finite automata）模型说明，在博弈行为人没有最优决策理性，只是按固定规则决策的条件下，在个人有限理性的基础上有可能出现群体理性。在史密斯（1982）、韦贝尔（Weibull，1995），弗登博格和莱文（Fudenberg & Levine，1998）提出的一系列演化博弈（evolutionary game）模型①中，个别决策者没有最优决策的理性，而个人决策之间的交互作用会使选择不同策略的行为人人数随时间演化，一些看似理性的纳什均衡会在这些无个人理性的策略演化过程中出现。由此可见，个体理性与群体理性之间的矛盾直接影响了经济活动中行为人的现实理性程度，而这一矛盾无法通过西蒙的有限理性理论得到明确的解释。

2.3.2.3　有限理性与根本的不确定性

基于博弈模型的探讨和西蒙有限理性理论的局限性，奈特（Knight，1921）有关有限理性的另一种论述被越来越多的研究者所重视。与西蒙的心理资源稀缺观点不同，奈特指出，有限理性的根基是所谓"根本的不确定性"（fundamental uncertainty），即一种不同于不完全信息的非线性系统固有的不可预知性②。可以认为，奈特的观点是对经济理性极大化原则的隐含假设之一"特定决策的所有可能性都明确可知"提出了质疑。

凯恩思学派的经济学家将这种"根本的不确定性"称为"认识力的不确定性"（epistemic uncertainty），并且认为所谓"根本的不确定性"不是外生给定的自然界的不确定性，而是人类决策交互作用产生的社会不确定性。换言之，哪怕自然界完全没有不确定性，人们决策互动的后果也可能产生根本的不确定性。可以说，"根本的不确定性"对经济活动中行为人可实现的理性程度形成了更严格的限制，而社会不确定性的存在也为博弈模型中个人

---

①　演化博弈理论的基本思想是达尔文的生物演化论和拉马克的遗传基因理论，其基本概念是演化稳定策略（evolutionarily stable strategy，ESS），其直观思想是：如果一个群体（原群体）的行为模式能够消除任何小的突变群体，那么这种行为模式一定能够获得比突变群体更高的期望支付，随着时间的演化，突变者群体最终会从原群体中消失，原群体所选择的策略就是演化稳定策略。演化博弈模型中，各群体个体之间进行重复博弈，在博弈的任何时点上选择不同策略的个体在群体中都有一个概率分布与之对应。在演化博弈中，这个概率分布表示群体所处的状态，随着时间的演化这种状态是不断变化的。如果行为人（行为人群体）知道这种状态并能够采取最大化行为，那么他（他们）会选择一个最大化自己期望支付的最优反应策略；如果他（他们）不知道这个群体所处的状态，那么他（他们）必须根据自己所掌握的信息对群体的状态进行推断，他（他们）所能利用的信息只能来自博弈的历史，因为这种历史传达着对手将会如何做出选择的有关信息，同时通过对历史的观察使行为人知道哪些策略是成功的、哪些策略是不成功的，行为人以此作为决策的依据。由于选择压力及行为人对成功行为的模仿，本期中成功的行为下期将会被更多的个体采用。

②　不完全信息指决策者知道某一变量所有可能的取值，以及每一值发生的概率，而根本的不确定性指决策者根本不知道变量有几个可能值，更不知道每一个可能值发生的概率。

理性与群体理性的冲突提供了可能的解释。

2.3.3　双构面的有限理性理论

根据西蒙基于心理机制和奈特基于不确定性的有限理性研究，可以认为有限理性的根源包括两方面：系统的固有不确定性和行为人心理资源的稀缺。

首先，有限理性的外部根源是非线性系统固有的不可预知性，这一不可预知性既包括自然界的不确定性，也包括由行为人交互作用产生的社会不确定性。行为人的行动选择可以看做是一个适应或者对抗所在系统的博弈过程，系统的不确定性从根本上决定了行为人在行动选择过程中无法达到全知全能的理想境界，从而派生了所谓的有限理性。

其次，有限理性的内部根源是行为人心理资源的稀缺，即行为人信息获取、评估和处理的能力有限。如西蒙所言，"人类有限度的认知能力，给理性的发挥和利用划定了界限"[①]。换言之，在绝大多数情况下，即使在特定时空下一个处于稳定状态的系统中，行为人在进行决策时仍然因为认知能力的限制而无法作出"实质理性"的决策。

总之，系统的固有不确定性和行为人心理资源的稀缺是有限理性的两个构面，二者实际上是分别针对经济理性极大化原则两个隐含假设"特定决策的所有可能性都明确可知"和"特定决策主体具备在所有可能性中比较择优的完全认知能力"的有力反驳。需要强调的是，一方面不能因为主流学派模型将西蒙对有限理性的三方面具体解释的部分吸收进入经济理性最优决策和全部均衡框架就全盘否定西蒙"心理资源稀缺"的基础研究；另一方面也应当明确认识到被西蒙有限理性理论忽视的系统不确定性是有限理性之所以存在的基本根源。这两方面因素在经济活动中的共同作用引致了不容忽视的"有限理性"的现实。

---

① 哈耶克的论述是对西蒙有限理性研究的良好注解，他认为，在"有限知识论"的基础上，行为人的理性是通过制度、习惯、规则（感觉秩序）来实现的，鉴于知识的社会分散性，行为人往往会有意识地部分放弃客观认知，甚至有意识地采取直接或者冲动性的行为选择。

　　而且，如麦金太尔（Macintyre）所言，任何"理性"都是在具体思维传统之内的理性①，个人对系统不确定性的有限认知能力决定了绝大多数行为人处于特定社会系统和文化传统的框架规范之中，而这种社会文化特征也为行为人的理性发挥划定了边界。根据哈耶克（Hayek，1952）的观点，"我们的理性与我们的道德一样，都是演进选择过程的结果"，而这种"演进理性"的出发点和归宿都是"传统"。最长远的传统是物竞天择通过物种遗传机制形成的"生物传统"，以生物器官的功能和结构为载体；其次是社会演进传统，以一个社会的文化道德体系为载体；再次是个人经历的传统，以个人的心理结构为载体。因此，以往"经济理性"以某种超越现实的立场为决策者的行为选择划定了具有普适性的统一"最优"理性标准是没有现实存在基础的，而所谓"有限理性"在一定程度上承认理性标准的多元化，理性选择的目标也相应从"最优"转向"内在一致性"②，即"个体决策过程逻辑上的无矛盾"。

2.3.4　有限理性的定量研究

　　西蒙将有限理性理论定义为"研究如何以有限的认知能力在无限复杂的世界中生存的理论"，但是西蒙本人并未指出人们究竟是如何在"有限"与"无限"之间折中的。为了使西蒙的有限理性思想更富有现实意义，在探求人们究竟应当如何在"有限"和"无限"之间进行折中之前，需要对有限理性这一概念进行定量测度。

　　发源于哲学的理性定义涉及信息、能力等许多抽象因素，对其进行定量测度并非易事。随着博弈理论的发展和实验研究方法的普及，这方面的研究才逐渐兴起。比如，纳吉尔（Nagel，1995）在研究选美竞猜博弈（"beauty

---

　　①　思维传统是影响行为人理性程度的重要因素，例如英美的亚里士多德思维传统和西亚伊斯兰思维传统中的理性选择就存在很大的差异。

　　②　根据森的观点，所谓"内在的一致性"是行为的理性必须符合的一个要求，即来自不同子集的各种选择应以一种有说服力、成体系的方式相互对应（通常被解释为偏好，x 比 y 较受偏好或 x 和 y 无差异）。并且，"内在一致性"与"个体利益最大化"的结合并非必然，即一方面，个人利益最大化不一定要通过"一致性"方式来达到；另一方面，一致性的方式也不只服务于个体利益的追求，完全可以服务于其他价值的追求。

contest"guessing games）实验的过程中就试图使用参加博弈实验的不同行为人对其他行为人行动推理的层次作为表示行为人有限理性的定量测度指标。而目前最具代表性的研究是由德克萨斯 A&M 大学的博士马可尼（McKinney，2006）和其导师哈耶克进行的有限理性测度模型研究。

2.3.4.1 "拈"博弈简介

马可尼的有限理性定量测度模型是以"拈"博弈（nim game）为基础的。"拈"博弈起源于一个古老的智力游戏，最初在中国发明，在大批华人由广东去美国修筑铁路的时候，"拈"游戏传入西方，游戏名称中的 Nim 就是"拈"粤语发音的直译。

"拈"博弈最初的雏形是这样一种游戏，即对于一堆已知数目的石头，几个人轮流取出一定数目的石头，数目具体的范围由游戏者自主确定，而取到最后一颗石头的游戏者获胜。以这个游戏为基础，许多学者（最初大多是数学学者）对其展开研究，逐渐发展出了"拈"博弈模型，发现模型中有许多有趣的规律可循。例如，面对一堆数目为 49 的石头，两个游戏行为人，每位行为人每次取出的石头数量必须在 1 ~ 6 之间，那么只要第一个行动的游戏行为人取出石头的数目为 6，无论第二个行动的游戏行为人如何计算，第一个行为人总能够取得游戏的胜利，具体的做法是保证每次取出石头的数目和第二个行动者取出石头数目之和为 7 就可以了。

在许多数学学者对"拈"博弈进行了深入研究的基础上，博弈论研究者也越来越多地选择"拈"博弈作为研究对象，以其为载体说明关于博弈论的不同观点。在一个最简单的"拈"博弈模型中，两个博弈行为人交替进行博弈选择。在每次博弈选择中，行为人必须从 m 个石头中取出一个或者几个，而能够拿到最后一块石头的行为人则获胜。模型的层级指标（Rank，R），即在最长博弈路径中选择的次数，可以取值不小于 1 的任意整数。并且，"拈"博弈的运算法则非常优美，可以适用于该博弈的任何等级。由于"拈"博弈具有可以将实质理性和过程理性相统一的特点[1]，马可

---

[1] 在许多经典博弈模型中，存在过程理性和实质理性不一致的情况，即遵循过程理性的选择并不一定能够引致实质理性的博弈结果。

尼选择"拈"博弈作为其研究有限理性定量测度的基础模型。

2.3.4.2　"拈"博弈模型

为了便于开展研究，马可尼构建了一个简单的"拈"博弈模型，见表 2 - 1。在该模型中，假定一个向量（即 $1 \times i$ 矩阵）作为博弈形式，表示为 g，例如 $g = (1, 0, 2, 1)$。博弈的结果表示为 $v(g) = W, L$，其中 W 表示获胜，而 L 则表示失败。博弈的层级表示为 $r(g)$，对于上述博弈形式，$r(g) = 1 + 0 + 2 + 1 = 4$，这是一个直接表示博弈复杂程度的指标。博弈矩阵中非零列的总数表示为 m，这也是一个可以表示博弈形式复杂程度的指标[①]。需要重点说明的是，所有 $r = m$ 的博弈都是显见博弈（trivial game）[②]。NT 复杂度（NT-complexity）是另一个表示博弈复杂程度的指标，与非显见博弈（non-trivial game）的决策节点相关，这也为 r 参数相同的博弈形式的难易区分提供了标准[③]。除此之外，模型还提出另一个衡量博弈形式难易程度的指标，即轻率者（blunderer）赢得博弈的概率，简写为 BW，具体指面对过程理性的对手，一个博弈行为人采取随机固定选择的方法而赢得博弈的概率[④]。不同基本"拈"博弈形式的参数如表 2 - 1 所示。

表 2 - 1　　　　　　基本"拈"博弈形式的参数列表

g	$r(g)$	m	Log NT 复杂度	BW
(1, 1, 1, 0)	3	3	—	1.0000
(1, 1, 1, 1)	4	4		0.0000
(7, 0, 0, 0)	7	1	3.47	0.1429
(1, 0, 1, 5)	7	3	4.82	0.1429

---

①　博弈形式 $g = (1, 1, 1)$，$m = 3$，而博弈形式 $g = (3)$，$m = 1$，显然后一个博弈形式比前一个博弈形式简单。

②　例如，博弈形式 $g = (1, 1, 1)$，$r = m = 3$，就是一个典型的显见博弈。博弈行为人不需要遵循运算法则进行复杂的计算，而只要抢先行动，就可以保证获胜。

③　博弈形式 $g = (1, 1, 1, 1)$，与博弈形式 $g = (4)$ 的 r 参数相同，而 NT 复杂度指标就有明确的区别。

④　比如，一个博弈行为人每次都选择取出 n 块石头，n 是任何一个规则允许的整数。

续表

g	$r(g)$	m	Log NT 复杂度	BW
(1, 1, 1, 4)	7	4	5.39	0.1429
(0, 0, 2, 7)	9	2	6.44	0.0370
(7, 4, 3, 0)	14	3	14.39	0.0000
(6, 3, 1, 4)	14	4	15.56	0.0000
(3, 5, 3, 5)	16	4	19.36	0.0000
(5, 3, 4, 5)	17	4	20.97	0.0000

资料来源：改自马可尼（2001）。

2.3.4.3　有限理性的定量测度

马可尼研究的主要思路是，首先构建一个简单的完全信息博弈形式，逆向归纳法就能够为其提供有效的运算法则（algorithm），即一般行为人肯定对于该博弈形式存在实质理性的求解方式，而"拈"博弈模型就是他的现实选择；然后选用博弈形式中的某个与博弈行为人理性水平对应的参数作为测度行为人有限理性的指标，即"拈"博弈模型中 r 参数[①]。在应对不同层级（即对应不同 r 参数）的"拈"博弈形式时，人们表现出不同的能力水平。

马可尼在加州理工学院（Caltech）和德克萨斯 A&M 大学两所高校的不同学期中，选择共 123 位实验主体进行不同形式的"拈"博弈实验。需要说明的是，在实验中采用的"拈"博弈形式都是非显见博弈。实验的结果说明，对于 $r \leqslant 6$ 的"拈"博弈形式，行为人基本都可以作出有效的判断；随着 r 参数的逐渐提高，行为人进行准确博弈选择的能力开始出现差异，在所有参与实验的学生中，能够处理的最复杂情况是 $r = 17$ 的"拈"博弈形式；大多数博弈实验的行为人都对自身参与"拈"博弈的能力没有准确的认识，并在参与博弈之前基本都高估了自己的预期成绩；不过，这种过度自信倾向随着参与博弈实验的经验累积而逐步削弱。基于这样的实验结果，马可尼得出这样的推论：博弈的行为人并不能达到完全理性的水平，而一般的实验主体的理性水平可以表示为 $r = 6$。

---

① 用一般的形式表示，对于博弈形式 $g = (i, j, k, h)$，$r = i + j + k + h$。

除了采用"拈"博弈模型中的 r 参数定量测度行为人的有限理性之外，马可尼的研究还指出，在现实的完全信息博弈形式中（如国际象棋），博弈者的关注焦点是在重复的相似博弈中如何发展认识或者创造获胜局面（winning position）的能力。对于重复博弈中有经验的博弈者而言，r 参数并不能充分说明博弈的复杂程度，超过 60% 的实验主体在第三次进行博弈时能够认识并套用之前博弈获得的经验策略法则，而懂得利用法则的博弈行为人在非平衡博弈中获胜的可能更大。并且，实验还说明，对比同一个博弈者，分别与一个有错误倾向的对手博弈，以及与一个过程理性的运算法则（一种特定的计算机程序）博弈的情况，可以看出与一个有错误倾向的对手博弈的学习效果更好。

2.3.4.4　启示

通过特定博弈模型和相关实验研究对行为人的有限理性水平进行定量测度是一项开创性的研究工作，一方面提供了有关行为人的理性水平现实情况的第一手数据，另一方面也为如何在行为人现实的理性水平下预测和指导行为人的决策选择提供了可作为起点的基础。对本书的研究主题而言，有限理性的定量测度和相关研究为确定企业策略行为决策的均衡标准和决策机制的因素分析都提出了有益的启示。

2.4
决 策 视 角 的 理 性 观 点 解 释

理性含义的探讨绝大多数是为决策研究服务的，尽管经济理性和有限理性研究的观点有很多差异，但可以从决策的视角对其进行较全面的系统解释和比较。

2.4.1　决策类型的分类维度

决策类型可以通过两个维度进行简单分类：一是决策条件的确定性程

度；二是决策主体的认知分析水平。决策条件可分为两类：

一是完全确定条件，指决策信息完全，选择方案完全确定；

二是不完全确定条件，指决策信息不完全，选择方案具有风险性①。

对应地，决策主体的认知分析水平也可分为两类：

一是完全认知，指决策主体精于计算，认知准确，不会发生任何偏差；

二是有限认知，指决策主体受到个体能力和心理因素的影响会发生认知偏差。

如果把上述两个维度描述在一个坐标平面上（见图2-1），那么封闭矩阵中的不同区域就分别对应了决策视角下不同理性观点的解释。

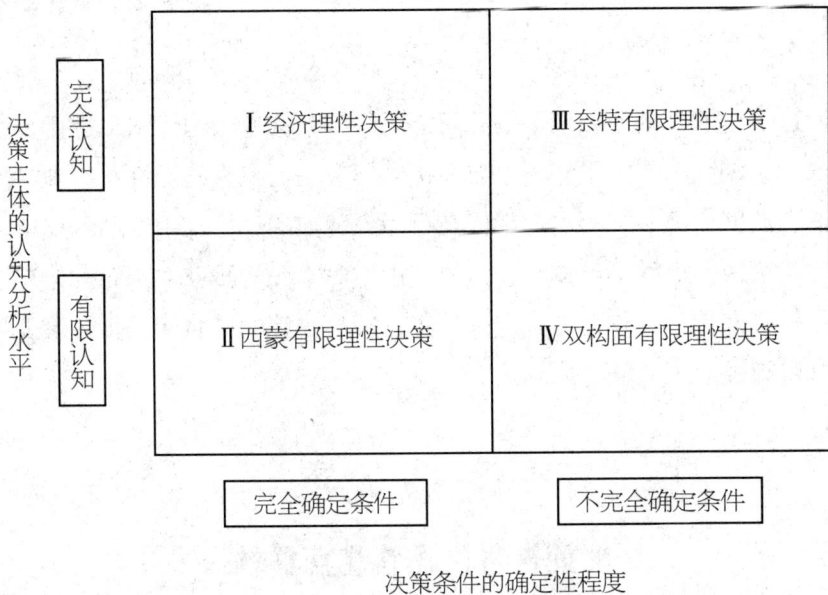

图 2-1　不同理性观点的决策视角双维度解释矩阵

---

① 行为经济学家爱尔洪和宏格斯（Einhorn & Hogarth，1985）认为决策条件可以分为三类：（1）完全确定条件下的选择，指决策信息完全，选择方案确定；（2）不完全确定条件下的选择，或者称为风险条件下的选择，指决策信息不完全，选择方案具有风险性；（3）完全不确定性条件下的选择，指决策信息完全模糊，选择的可能性根本不清楚，完全无法说明。以上述研究为基础，本书将第三类决策条件视为第二类决策条件中发生概率很小的一种极端情况，因此将决策条件简单地分为完全确定条件和不完全确定条件两类。

2.4.2　不同理性观点的解释和比较

如图2-1所示，在双维度解释矩阵中，根据决策条件的确定性程度和决策主体的认知分析水平的不同存在四个不同的区域，而每个区域都对应一种特定的理性观点。

2.4.2.1　区域Ⅰ

完全确定的决策条件和决策主体完全的认知水平共同构建了区域Ⅰ。在这一区域中，经济理性假设极大化原则中包含的两个递进含义"其一，特定决策的所有可能性都明确可知；其二，特定决策主体具备在所有可能性中比较择优的完全认知能力"都得到了满足。这一区域中的决策是认知能力完全的行为主体在完全确定的决策条件下进行的决策，并且能够实现经济理性的极大化目标。

2.4.2.2　区域Ⅱ

完全确定的决策条件和决策主体有限的认知水平共同构建了区域Ⅱ。在这一区域中，经济理性假设极大化原则中包含的两个递进含义"其一，特定决策的所有可能性都明确可知；其二，特定决策主体具备在所有可能性中比较择优的完全认知能力"只有前者得到了满足。这一区域中的决策是认知能力有限的行为主体在完全确定的决策条件下进行的决策，重点强调行为主体稀缺的心理资源，而经济理性的极大化目标只能被满意原则取代。可以说，区域Ⅱ从决策视角描述的理性观点是西蒙的有限理性研究集中表现，而事实上西蒙的有限理性研究也的确没有对决策条件的确定性程度进行过明确论述。

2.4.2.3　区域Ⅲ

不完全确定的决策条件和决策主体完全的认知水平共同构建了区域Ⅲ。在这一区域中，经济理性假设极大化原则中包含的两个递进含义"其一，特定决策的所有可能性都明确可知；其二，特定决策主体具备在所有可能性中比较择优的完全认知能力"只有后者得到了满足。这一区域中的决策是认知能力完全的行为主体在不完全确定的决策条件下进行的决策，重点强调决策条件的不确定性，而由于"根本的不确定性"的存在和个人理性与群体理性的矛盾，经济理性的极大化目标失去达成的可能。可以说，区域Ⅲ从决策视角描述的理性观点是以奈特的观点为代表、以博弈模型研究为重点的有限理性研究集中表现，而事实上这一方面的有限理性研究也的确没有明确涉及决策主体的主观认知水平。

2.4.2.4　区域Ⅳ

不完全确定的决策条件和决策主体有限的认知水平共同构建了区域Ⅳ。在这一区域中，经济理性假设极大化原则中包含的两个递进含义"其一，特定决策的所有可能性都明确可知；其二，特定决策主体具备在所有可能性中比较择优的完全认知能力"二者都没有得到满足。这一区域中的决策是认知能力有限的行为主体在不完全确定的决策条件下进行的决策，基于在区域Ⅱ和区域Ⅲ论述中提出的理由，经济理性的极大化目标无法实现。可以说，区域Ⅲ从决策视角描述的理性观点与有限理性的双重根源相对应，类似于本书所提出的双构面有限理性观点，既强调决策条件的不确定性，又考虑决策主体有限的认知分析水平，更加贴近经济现实。

2.5

本 章 小 结

新产业组织经济学从产业中观视角对策略行为的研究为本书微观视角的研究提供了可供参考的分析范式，即采用博弈理论作为企业策略行为决策的基本研究框架。新产业组织经济学研究采用的标准博弈论是以行为人经济理性作为研究假设的，经济理性认为行为人可以完全认识自然与社会，并基于这一完全认知能够实现自身效用的极大化，而极大化的实现包含两个递进的隐含假设：其一，特定决策的所有可能性都明确可知；其二，特定决策主体具备在所有可能性中比较择优的完全认知能力。

作为一种绝对化的理性假设，经济理性的三个基本含义：自利性假设、一致性假设和极大化假设一直受到各方面的质疑，许多学者对经济理性提出了尖锐的反驳，而其中以西蒙的研究最具代表性。基于行为人心理资源的稀缺性，西蒙指出在真实世界中的决策环境里，理性的载体应当是"思维的程序"，而非"思维的结果"，个体并不拥有超出其认知能力之外的复杂计算能力，而只拥有进行合理行动步骤的资源，只能追求决策过程在逻辑上的无矛盾而无法完全实现某种工具价值的最终"极大化"。在此基础上，西蒙提出以有限理性代替绝对化的经济理性，拉近了理性选择的预设条件与现实生活的距离。

西蒙的有限理性理论是"考虑限制决策者信息处理能力的约束的理论"，但不少学者认为西蒙的有限理性研究还不足以构成有限理性理论的全部核心，基于博弈模型的理性探讨使奈特有关有限理性的另一种论述被越来越多的研究者所重视。与西蒙的心理资源稀缺观点不同，奈特指出，有限理性的根基是所谓"根本的不确定性"，即一种不同于不完全信息的非线性系统固有的不可预知性。并且，这种"根本的不确定性"不是外生给定的自然界的不确定性，而是人类决策交互作用内生产生的社会不确定性。换言之，哪怕自然界完全没有不确定性，人们决策互动的后果也可能产生根本的不确定性。

根据西蒙基于心理机制和奈特基于不确定性的有限理性研究，可以认为有限理性的根源包括两方面，即系统的固有不确定性和行为人心理资源的稀缺。也就是说，系统的固有不确定性和行为人心理资源的稀缺是有限理性的两个构面，二者实际上是分别针对经济理性极大化原则两个隐含假设"特定决策的所有可能性都明确可知"和"特定决策主体具备在所有可能性中比较择优的完全认知能力"的有力反驳。在决策研究中，现实存在的双构面行为人有限理性要求同时考虑决策条件的不确定性和决策主体有限的认知分析水平。值得强调的是，在本书试图开展的企业策略行为决策研究中，决策的不确定性除了自然条件的不确定性之外，更重要的是决策过程中不同决策者互动而产生的"社会不确定性";而决策者认知分析水平的有限性也不局限于信息的搜集、处理、计算和比较的能力有限,还包括决策者本身基于特定社会文化特征形成的偏离经济理性要求的主观偏好。

为了更好地"以有限的认知能力在无限复杂的世界中生存",需要对有限理性这一概念进行定量测度。通过"拈"博弈模型和相关实验研究对行为人的有限理性水平进行定量测度是一项开创性的研究工作,一方面它提供了有关行为人理性水平现实情况的第一手数据;另一方面也为如何在行为人现实的理性水平下预测和指导行为人的决策选择提供了可作为起点的基础。

需要说明的是,经济理性也可能在现实决策中面临"失效"的问题,即一个博弈局中,一个符合标准博弈论经济理性要求的行为人在与其他理性水平有限的局中人进行互动决策时,往往因为"过度"的理性而无法获取博弈占优,实验经济学中经典的选美竞猜博弈就是典型的例子①。但是根据西蒙所提出的"实质理性"意义,特定行为人理性水平的提高与获取博弈占优的概率二者之间应当存在正向关系。在互动决策行为人的理性水平存在高低差异,而决策支付是由不同理性水平的行为人共同决定的条件下,"理性"的决策者的理性表现应当是获取博弈占优,而不是忽略其他行为人可能的现实选择而进行标准博弈论框架下的经济理性决策②。因此,在本书之后的研究中,经济理性的含义得到了适度放宽,将其等同于博弈决策中占优策略的获取,从而回避了"理性失效"这一可能带来研究逻辑混乱的问题③。

---

① 在一个典型的选美竞猜博弈实验中,N 个行为人同时在 [0,100] 选择一个数字 X_i,计算所有数字的平均数再乘以 0.7 的系数,将得到的数值(平均数的 70%)与每个行为人的选择相比,最接近的就获得一笔支付。按照标准博弈的观点,这是一个占优可解博弈,因为它可以通过重复剔除劣战略得出唯一均衡解 0。但是,在无数次实验中,选择 0 的行为人都无法获取博弈占优。在本书的第 4 章将提供这个博弈实验研究的具体论述。

② 如果强调经济理性的"实质理性"含义,选美竞猜博弈实验中按照标准博弈论分析范式进行重复剔除劣战略的博弈行为人反而是"有限理性"的。

③ "理性失效"问题可以视为否定经济理性假设极大化原则的反例,但是这种"失效"是在标准博弈论提供的一个僵化分析范式下出现的,它还不足以否定行为人理性水平提高与获取博弈占优概率二者之间存在正向关系的一般假设。

第*3*章

策略行为决策均衡标准研究

根据斯密（Adam Smith，1776）的论断，经济学研究中也存在类似于牛顿经典力学研究提出的均衡分析，而该均衡是指经济秩序服从一种内在的逻辑，从而使人们在一只"看不见的手"的指引下去达到某种确定的目标状态[①]。受此影响，决策研究的一个重要问题就是对均衡的分析，即通过证明和寻找均衡来对决策行为进行解释、预测和指导。换言之，就是确定不同决策行为可能达成的最优稳定状态以及达成的路径。作为研究交互决策的重要理论，博弈论认为找到了均衡也就意味着预测出了行为人在博弈中的策略选择。因此，对于以博弈论为基本分析范式的企业策略行为决策而言，均衡标准的研究尤为重要。特别是在以有限理性作为交互决策行为人的理性假设时，决策的均衡标准将不再以超越行为人客观能力的精确计算与比较为基础，而更大程度上取决于不同行为人的主观最优反应判断，这就使得决策均衡标准的确定成为一个更加困难的研究问题。需要说明的是，根据卡梅瑞（Camerer，2002）的观点，这里的决策均衡重点强调的是策略互动中不同决

[①] 斯密受到牛顿经典力学体系中对物理状态的均衡分析的启发，试图在经济学中也发展出一套均衡分析方法。在经典力学体系中，导致均衡产生的一个基本因素是"重力"的存在。相似地，斯密认为，经济学的均衡分析也应建立在一个基本因素之上，他称为人类的"自利"。

策者的相互一致性（mutual consistency）。

3.1

经济理性假设下的均衡标准及困境

3.1.1 纳什均衡的含义

经济理性假设下，企业策略行为决策分析范式的依据是标准博弈论。标准博弈论分析假定每个决策个体都能通过精密计算和仔细权衡来最大化其效用，并在此基础上运用严密的逻辑方法演绎出了著名的纳什均衡。也就是说，经济理性假设下企业策略行为决策的均衡标准的基本形式就是纳什均衡。

在一般均衡讨论中，行为人的决策就是在给定价格和收入的条件下最大化其效用，他的效用函数只依赖自己的选择，而不依赖其他人的选择；而博弈论所研究的是决策个体之间的互动行为，即个人的选择要受到其他人选择的影响，个人的最优选择是其他人选择的函数。因此，纳什均衡比一般均衡概念包含了更多信息，其意义在于说明有限博弈中存在一种可以自我强化的均衡点，在该点上每个行为人的策略选择都是对其他行为人策略选择的最优反应，或者说是对其他所有行为人策略选择组合的最优反应，并且任何行为人都没有偏离该点的动机。

为了给出纳什均衡的正式定义，也为了讨论的便利性，在此引入几个概念的一般记法和表示法：

一个 n 人标准式博弈 $G = (N, S, u)$；

n 个人组成集合 $N = \{1, \cdots, n\}$；

行为人 i，$i \in N$，其策略空间为 $S_i = \{s_{i1}, s_{i2}, \cdots, S_{iJ_i}\}$，即行为人 i 的全部可选策略的集合；

$S = \{S_1, S_2, \cdots, S_n\}$ 为所有行为人策略空间的集合；

$s_{ij} \in S_i$ 表示行为人 i 的第 j 个策略，$\forall j = 1$，2，$\cdots$，J_i；

行为人 i 的收益表示为 u_i，u_i 是个行为人策略的多元函数；

在博弈 G 中，对所有行为人 $i \in N$，如果策略组合（S_1^*，$\cdots$，S_n^*）中的任一行为人 i 的策略 S_i^* 都是对其余行为人的策略组合（S_1^*，$\cdots$，S_{i-1}^*，S_{i+1}^*，$\cdots$，S_n^*）的最佳对策，即 $u_i(s_1^*$，$\cdots$，s_{i-1}^*，s_i^*，s_{i+1}^*，$\cdots$，$s_n^*) \geqslant u_i$（s_1^*，$\cdots$，s_{i-1}^*，s_{ij}，s_{i+1}^*，$\cdots$，s_n^*）对任意 $s_{ij} \in S_i$ 都成立，则称（S_1^*，$\cdots$，S_n^*）为 G 的一个纳什均衡。

3.1.2　纳什均衡受到的质疑

可以说，纳什均衡这个博弈论中最重要的概念能够回答有关博弈中每个行为人如何行动的问题。相应地，企业策略行为决策研究中标准博弈论演绎的纳什均衡也应当可以为实际决策提供有效的理论依据[1]。但是，现实互动决策中的行为人是否真的会选择标准博弈论演绎的纳什均衡呢？这个问题的答案一度是肯定的，其原因是研究者普遍认同纳什均衡是在博弈的规则、行为人的理性及其支付函数都是共同知识的前提下，由行为人的分析和自省而得出的结果。

然而，随着实验经济学研究的兴起，研究者通过大量的实验研究发现，行为人在博弈中的实际选择总是偏离纳什均衡，并且这种偏离是系统性的（Crawford，1997）。图 3 – 1 显示了在若干次实验中，由纳什均衡推断的各策略选择概率（横轴）与每次实验中实际选择各策略的相对频率（纵轴）之间的对应关系。可以发现，在实际选择与纳什均衡之间有显著的偏离，并且这种偏离还存在这样一个不太明朗的趋势，即纳什均衡中被选择概率较低的策略在实验中却被选择得更多。具体而言，那些永不应该被选择的策略实际上有 5% 的机会被选择；而纳什均衡中被选择概率较高的策略在实验中却没有得到足够多的选择。

---

[1]　可以说，纳什均衡是经济理性假设下企业策略行为决策的标准。

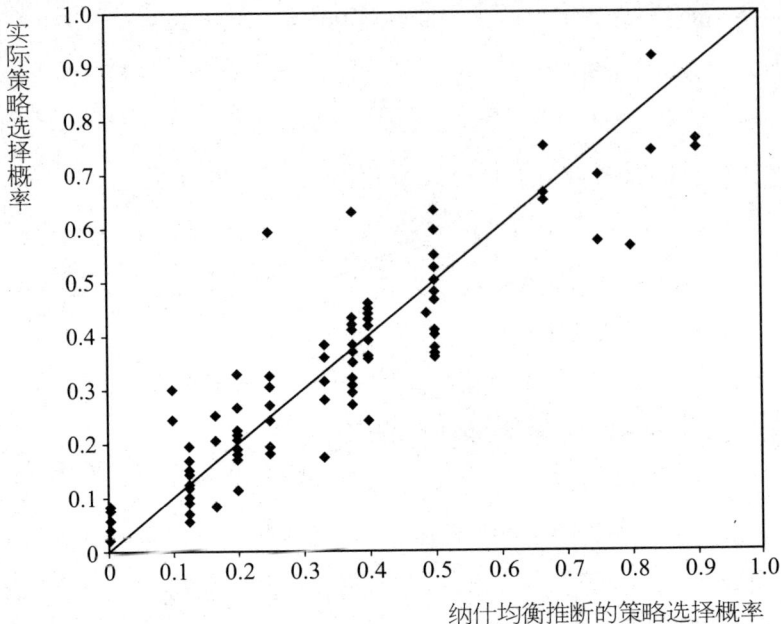

图 3 - 1　由纳什均衡所推断的各策略选择概率与实际选择的频率对比

资料来源：改自卡梅瑞（2003）。

　　根据大量实验数据，结合现实互动决策中出现的各种异象，许多学者开始对纳什均衡提出质疑。他们认为，标准博弈论的经济理性假设派生了一种脱离实际的僵化决策模式，因此理论所演绎出的纳什均衡在现实中也极易遭到违背，成为一种脆弱的均衡，而这一脆弱均衡对包括企业策略行为决策在内的现实决策的指导意义也大打折扣①。为了寻求能够有效分析企业策略行为决策的理论工具，就必须修正标准博弈论在解释与预测方面的局限性，通过加入行为因素来改进标准博弈论的理性假定，通过大量的博弈实验来考察理论推断与实际结果之间的差异，从而达到更加准确解读现实决策行为的目标。

---

　　① 相对于脱离实际的标准博弈论研究，许多研究者已经通过以现实互动决策为基础的一系列工作来提高博弈理论的实证效用，主要表现为企业的非理性行为和信念依赖情感（如愤怒、报复、敌意、友好、宽恕、惊讶和怨恨）建模。吉勒博阿和施迈德勒（Gilboa & Schmeidler，1988）提出一个可以为上述情感建模的框架，不过他们的重点是说明公共知识必然的自相矛盾。拉宾（Rabin，1993）通过对公平的研究指出：当支付不明显时，公平均衡大致是一个共同最小，或者共同最大产出的体系；而当支付明显时，公平均衡趋向于纳什均衡。科尔平（Kolpin，1992）指出如何将信念选择作为博弈行为人策略的附加部分模型化。

3.2

有限理性假设下的均衡标准：可数性反应均衡

3.2.1　可数性反应均衡的提出

随着博弈理论研究理性假设的演进，研究者放弃了认为每个决策个体都能经过精密计算和仔细权衡来最大化其效用的绝对理性假定，转而认识到认知能力有限的"幼稚"[①]（naive）行为主体在存在"根本不确定性"的决策环境中无法最大化其目标函数，即研究者的研究假设由理想化的经济理性转变为现实化的有限理性。

经济理性假设下的标准博弈理论分析假设了幼稚行为主体能力之外的复杂理性思维过程，其中博弈的规则、每个行为人的理性以及支付函数都是共同知识，并且各行为人具有无限的计算和认知能力，因此，标准博弈论演绎的纳什均衡是一种建立在行为人相互理性基础上的"经济理性均衡"。但是，幼稚行为人的思维决策往往无法满足标准博弈论描述的理性方法，其实际行为选择经常背离纳什均衡的预测。更现实的情况是，幼稚行为人在内心深处具有追求理性的动机，但有限理性的约束使他们难以做到经济理性假定下的最优化选择，因此对纳什均衡的追求"心有余而力不足"，所以他们只是处于向纳什均衡收敛的过程之中，他们的选择很难达到（至少短期内很难达到）纳什均衡（Fudenberg & Levine，1998）。需要说明的是，幼稚行为人对理性的追求是工具性的，其根本目标是获取博弈占优，而为了获取博弈占优幼稚行为人会不断自觉提高理性水平，当所有幼稚行为人的理性都不断提高并逼近经济理性假定的水平时，他们的博弈占优选择也就会相应地向纳什均衡收敛。可以说，幼稚行为人追求的根本目标是符合"实质理性"含

---

①　"幼稚"是对现实决策行为主体理性状态的描述，具体指介于全知全能的无限理性和基于生物演化的亚理性之间的一种现实的中间状态。

义的博弈占优，而经济理性水平和纳什均衡的达成只是他们各自为了追求博弈占优而不断提高理性水平的副产品。

对实际选择偏离纳什均衡的研究至少可追溯到泽尔腾（1975）考虑行为人在博弈中可能犯错误的颤抖手完美理论。他认为，在任何一个博弈中，每一个行为人都有一定的可能性犯错误，这类似于用手抓东西时手的颤抖使人没有抓到想抓的东西。一个战略组合只有在满足"允许所有行为人都可能犯错误时仍是最优战略组合"的条件下，才可以称为一个均衡。泽尔腾将非均衡事件的发生解释为颤抖并把它归结为某一个行为人的非蓄意错误，通过引入颤抖，使博弈树（game tree）上的每个决策结（decision nodes）出现的概率都为正，即每一个决策结的最优反应都有定义，则原博弈的均衡可以理解为被颤抖扰动后的博弈均衡的极限。为了排除行为人犯错误的动态相关性，泽尔腾还引入"代理人策略式表述"（agent-strategic form）以修正颤抖手均衡的概念，即将同一行为人的不同次选择当做不同行为人的选择，而且这些选择发生颤抖的概率是独立的，这样，原行为人就类似一个委托人，他在不同信息集（information set）上雇用不同的代理人，授权后者决策。而且同一委托人的所有代理人的支付函数均与委托人相同，因此将完全按照委托人的利益决策。泽尔腾证明，在所有有限博弈中，至少存在一个颤抖手均衡，即至少可以找到一个允许行为人犯错的均衡结果。不过，一个完美的颤抖手具有这样的稳定性，即假定某行为人极偶然地犯了错误，其他行为人即使按照最佳应变策略的原则行事，也会发现他们仍然选择的是原来那个纳什均衡的策略，即所谓"颤抖手完美纳什均衡"概念。但是，大量实验数据显示，行为人的选择与纳什均衡的偏离在统计学意义上始终是显著的。其后，丹姆（Damme，1987）探讨了如果行为人所犯的错误不能趋于无穷小，那么将会出现什么结果；罗森塔尔（Rosenthal，1989）则在研究中假定行为人选择某策略的概率是该策略预期效用的线性递增函数；而贝佳（Beja，1992）认为，行为人会事先设定一个目标策略，但是他的选择最终却无法完全达到既定的目标。

尽管有关实际选择偏离纳什均衡的研究尚未有定论，但是研究者普遍认同的是有限理性的行为主体由于受到理性水平的约束，因此在现实中很难按传统方法求得纳什均衡，但是他们追求理性，意图获取博弈占优的努力并不会停止。因此，基于有限理性的博弈均衡总是处于向纳什均衡收敛的某一特定轨迹之上。有限理性假设下的博弈均衡是互动决策分析的重要依据，为了更好地解释和指导现实决策，就需要深入研究基于决策主体主观最优判断的博弈均衡是如何形成的，而这一博弈均衡又与纳什均衡存在何种关联。麦考芮和帕弗利（Mckelvey & Palfrey，1995）以在生物学、药理学等学科中广泛应用的一种统计学模型为基础，通过一系列博弈实验分析提出了一个可以反映有限理性条件下博弈均衡的新概念——可数性反应均衡（quantal response equilibrium，QRE）。

QRE 理论认为行为人基于获取博弈占优的目的在"信念中"是追求理性的，但是由于客观理性水平的限制在计算每个策略的预期效用时会不可避免地出错，因此在实际情形中，纳什意义下的最优选择并不以概率 1 出现。有限理性的行为人将自身的选择落在一个类似纳什均衡的均衡之上，这个均衡点与纳什均衡处于不同的位置，但是却具有与纳什均衡相似的基本特征，即每个行为人的策略选择都是对其他行为人策略选择的"最优反应"。需要强调的是，这类行为人的"最优反应"不是纳什意义下的"最优"，只是他自己主观判断的"最优"，而判断依据的信息和信念都不一定处于最优状态。并且，行为人会不断考虑和修正自己的看法，当引入时间变量进行重复博弈时，这个 QRE 均衡点在每个博弈阶段都可能发生变动，并不断向纳什均衡收敛，而引起这种变动的力量就是行为人内生的学习能力，只有通过学习才能不断提高行为人的认知能力，进而调整他们业已达到的均衡点。

QRE 是在纳什均衡的基础上对博弈均衡概念所做的进一步发展，基于行为人实际选择的 QRE 与纳什均衡之间的偏离关系不是非均衡选择与均衡选择的关系，而是其他均衡与纳什均衡的关系。同时，这种偏离关系不是一成不变的，在长期下有减少偏离的趋势。行为人通过学习可以使 QRE 不断逼近纳什均衡，而纳什均衡正是 QRE 的极限状态。从这个意义上说，QRE 是行为人所选择的一种"不精确"的"纳什均衡"，而纳什均衡则成为行为人"信念中的均衡"。QRE 均衡比纳什均衡具有更丰富的内涵，它是一个具有某种内生变动性的动态均衡，能够反映出行为人在较长时期内随时间推移探求最优化结果的过程。QRE 理论是研究者对人类决策所受到的内生影响因素进行重新思考后，继承有限理性的理论观点，通过修正行为人的行为方式而发展出的一个均衡分析范式。由于其优良的解释和预测能力，QRE 越来越受到研究者的青睐，成为研究有限理性条件下互动决策的核心概念。

3.2.2 可数性反应均衡的定义与性质

麦考芮和帕弗利（1995）在前人研究的基础上，为了解答纳什均衡与实际选择之间的不一致，首先提出和使用了 QRE 的基本概念。QRE 理论假定，行为人根据博弈中各策略的相对预期效用来进行选择，但在有限认知能力的约束下，他们对各策略预期效用的评估会受到某种随机误差的干扰。每个行为人都知道自己的选择会受到误差的干扰，并且知道其他行为人的选择也是在误差干扰下进行的，但行为人仍能达到一个他们信念中的彼此"最优反应"点，实现某种"有限理性均衡"。

沿用纳什均衡正式定义的概念表达方式，在 n 人标准式博弈 $G = (N, S, u)$ 中：

行为人 $i(i \in N)$ 的策略空间为 $S_i = \{s_{i1}, s_{i2}, \cdots, S_{iJ_i}\}$，其中有 J_i 个纯策略；

行为人 i 对策略 s_{ij} 的选择概率为 p_{ij}，则行为人 i 的混合策略①选择可表

---

① 前面定义的纳什均衡虽然可以圆满地解决不少博弈问题，但是也存在明显的弱点，即只有当博弈在有唯一的纳什均衡时才能解出博弈的结果。许多现实中的决策问题构成的博弈中根本不存在具有稳定性的各博弈行为人都接受的纳什均衡策略组合，如猜硬币博弈；而另一些博弈却有多于一个没有任何博弈行为人愿意单独改变策略的纳什均衡策略组合，如性别之争博弈。这两类博弈如果只进行一次，由于没有能够导致确定性结果的内在机制，其实际结果如何往往取决于机会和运气。因此，在这种类型的博弈中，博弈行为人的决策内容不是确定性的具体策略，而是在一些策略中随机选择的概率分布，这样的决策就称为"混合策略"，其正式定义是：在标准式博弈 $G = (N, S, u)$ 中，博弈方 i 的策略空间为策略空间为 $S_i = \{s_{i1}, s_{i2}, \cdots, S_{iJ_i}\}$，则博弈方 i 以概率分布 $p_i = (p_{i1}, p_{i2}, \cdots, p_{iJ_i})$ 随机选择其 J_i 个可选策略称为一个"混合策略"，其中 $0 \leqslant p_{iJ_i} \leqslant 1$ 对 $J_i = 1, \cdots, J_i$ 都成立且 $p_{i1} + \cdots + p_{iJ_i} = 1$。相对于这种以一定概率分别在一些策略中随机选择的混合策略，确定性的具体的策略就可称为"纯策略"，并可以被看做是混合策略的特例。在引入混合策的概念之后，纳什均衡的概念就扩大到了包括混合策略的情况。对个博弈方的一个策略组合，不管是纯策略组成还是混合策略组成，只有满足各博弈方都不会想要单独偏离的条件，就可称为是一个纳什均衡。

示为 $p_i = (p_{i1}, p_{i2}, \cdots, p_{iJ_i})$，且 $\forall j = 1, 2, \cdots, J_i, \sum p_{ij} = 1, p_{ij} \geqslant 0$；

Δ_i 为博弈行为人 i 的各种可行混合策略选择 p_i 的集合，即 $\Delta_i = \{p_i = (p_{i1}, p_{i2}, \cdots, p_{iJ_i}) : \sum p_{ij} = 1, p_{ij} \geqslant 0\}$；

$\Delta = \prod \Delta_i$，表示各行为人可行混合策略集合的空间；

(s_{ij}, p_{-i}) 表示行为人 i 选择纯策略 s_{ij}，而其他行为人的选择为 p_{-i}，此时行为人 i 的支付获取可以表示为 $u_{ij}(s_{ij}, p_{-i})$。

对于所有的 $i \in N$ 以及 $p'_i \in \Delta_i$，如果有 $u_i(p', p_{-i}) \leqslant u_i(p)$，那么向量 $p = (p_1, p_2, \cdots, p_n)$ 就是一个纳什均衡。

假定行为人根据支付函数对每个策略进行效用评估时都会犯错误，即行为人对每个策略所计算出的预期效用都会受到由有限认知能力造成的噪声干扰，则对于每个行为人 i，以及 i 的每个策略 $s_{ij} \in S_i$，行为人策略预期效用可定义为：

$$\hat{u}_i(s_{ij}, p_{-i}) = u_i(s_{ij}, p_{-i}) + \varepsilon_{ij} \qquad (3.1)$$

其中，$\hat{u}_i(s_{ij}, p_{-i})$ 表示行为人 i 对策略 s_{ij} 实际评估的效用，$u_i(s_{ij}, p_{-i})$ 表示行为人 i 如果不受到噪声干扰而对策略 s_{ij} 计算出的预期效用。

$\varepsilon_i = (\varepsilon_{i1}, \varepsilon_{i2}, \cdots, \varepsilon_{iJ_i})$ 为行为人 i 的误差向量，$\varepsilon_i \in \Re^{J_i}$，其中各分量表示行为人 i 对每个策略进行效用评估时所受的噪声干扰，且服从独立同分布。假定这些分量共同服从于一个联合分布密度函数 $f_i(\varepsilon_i)$，对每个分量 ε_{ij} 而言 f_i 都存在边际分布，并且 $E(\varepsilon_i) = 0$。

在完成上述概念界定和理论假设后，可以给出每个行为人的行为规则，即当且仅当 $\hat{u}_i(s_{ij}, p_{-i}) \geqslant \hat{u}_i(s_{ik}, p_{-i}) \quad \forall k = 1, 2, \cdots, J_i$ 时，行为人 i 才会选择策略 s_{ij}。这个行为规则假定符合直观可知的一般性行为习惯，即人们会去选择自己认为的最好策略①。

由于行为人的选择受到噪声干扰，因此必须了解噪声究竟是如何施加影响的。对所有行为人 i，导致其选择策略 s_{ij} 的误差向量集（误差范围）可以定义为：

---

① 由于行为人在进行各策略效用评估时可能会出错，因此现实中行为人自己认为的最好策略与传统意义下的最优化策略往往并不一致。

$$R_{ij} = \{\varepsilon_i \in \Re^{J_i} \mid u_{ij} + \varepsilon_{ij} \geqslant u_{ik} + \varepsilon_{ik} \, \forall k = 1, \cdots, J_i\} \qquad (3.2)$$

同时，在给定正确的预期效用集合 $u = (u_1, u_2, \cdots, u_n)$ 的前提下，行为人 i 在噪声干扰下选择策略 s_{ij} 的概率可以表示为 $\sigma_{ij}(u_i)$：

$$\sigma_{ij}(u_i) = \int_{R_{ij}} f(\varepsilon) d\varepsilon \qquad (3.3)$$

式（3.3）被称为行为人 i 选择策略 s_{ij} 的"可数性反应函数"（QRE）。于是，对任意可行的概率密度函数 f，可以给出 QRE 的标准定义为：

令 $G = (N, S, u)$ 为一标准式博弈，其中 $S = \{s_1, s_2, \cdots, s_n\}$，$u = \{u_1, u_2, \cdots, u_n\}$。若对所有行为人 $i \in N$，存在 $p^* \in \Delta$，使得 $p_{ij}^* = \sigma_{ij}(u_i(p^*))$，则称 $p^* = (p_1^*, p_2^*, \cdots, p_n^*)$ 为一个可数性反应均衡。

QRE 具有以下几个性质：

第一，$\sigma \in \Delta$ 是非空的；

第二，σ_i 在空间 $\Re^{J_i}$ 上是连续的；

第三，σ_{ij} 随 $u_i(s_{ij}, p_{-i}^*)$ 单调递增；

第四，对行为人 i 及所有策略 s_{ij}，s_{ik}；j，$k = 1, 2, \cdots, J_i$，如果 ε_{ij} 与 ε_{ik} 是独立同分布的，那么对所有的 u，有：

$$u_i(s_{ij}, p_{-i}^*) > u_i(s_{ik}, p_{-i}^*) \Rightarrow \sigma_{ij}(u) > \sigma_{ik}(u) \qquad (3.4)$$

即较好的策略要比较差的策略更有可能被选择。

并且，根据 QRE 的前两个性质可以得到 QRE 的存在性定理，即对于任何标准式博弈 Γ 以及可行的噪声概率分布 f，QRE 必存在[①]。这意味着，在一个标准式博弈中，即使每个行为人在计算各策略的预期效用时会出错，但如果出错程度是既定的（即给定一个噪声概率分布），那么就仍存在这样一个均衡点，在该点上每个行为人都对其他行为人做出了他认为的"最优反应"。

因此，根据 QRE 的正式定义可以看出，QRE 对纳什均衡的替代是一种

---

① 该定理的证明与纳什均衡存在性定理的证明相类似，即只要说明如果 Δ 是非空的、闭的、有界的和凸的，并且 $\hat{u}_i(s_i)$ 是连续的，那么在对应 σ：$\Delta \rightarrow \Delta$ 上就会存在一个不动点 $p^* = (p_1^*, p_2^*, \cdots, p_n^*)$，满足 $p^* \in \sigma(p^*)$，且对所有的 i，有 $p_i^* \in \sigma_i(p^*)$。有关 QRE 存在性定理的证明详见 Mckelvey, R. D., Palfrey, T. R., Quantal Response Equilibria for Normal Form Games, *Games and Economics Behavior*, 1995, 10, 6–38.

具有噪声的非完美预期均衡对原有的完美预期均衡的替代，而这一替代并未否定和放弃有关"均衡"的概念，只是将均衡建立在一个更符合现实情形的行为基础之上。

3.3

参数化可数性反应均衡

3.3.1　参数化 QRE 的求解

为了准确确定 QRE 与纳什均衡的相对位置，就必须找到一种具体的可数性反应函数替代 QRE 定义中抽象的数学表达（即式（3.3））。麦考芮和帕弗利从卢斯（Luce，1959）和麦克法登（Mcfadden，1976）的研究中获得启发，提出一种参数化可数性反应均衡（Logit QRE），即将行为人受噪声影响的程度参数化的 QRE 形式。这种形式不但便于直观地求解 QRE，而且还适合统计学上的处理，从而为在实证分析中应用该理论提供可能。

从式（3.1）出发，首先在每个噪声分量 ε_{ij} 上乘以一个程度参数 $\beta(\beta > 0)$，如果 β 越大，行为人在评估预期效用时就越容易出错，则式（3.2）相应变为：

$$\hat{u}_i(s_{ij}, \ p_{-i}) = u_i(s_{ij}, \ p_{-i}) + \beta\varepsilon_{ij} \tag{3.5}$$

根据式（3.2）的提示，行为人选择策略 s_{ij} 的概率 $\sigma_{ij}(u_i)$ 就可以写为：

$$\sigma_{ij}(u_i) = Prob\left\{\frac{u_i(s_{ij}, \ p_{-i}) - u_i(s_{ik}, \ p_{-i})}{\beta} \geqslant \varepsilon_{ik} - \varepsilon_{ij} \ \forall \, k \neq j\right\} \tag{3.6}$$

令 ε_{ij} 服从对数 Weibull 分布[①]，以式（3.3）为依据，并令 $\lambda = \dfrac{1}{\beta}$，

---

① 对数 Weibull 分布指如果对某一随机变量取若干组观测值，每组所含的观测值个数相同，那么每组中的极值（最大值或最小值）本身也可看做是服从某一分布的随机变量，其分布函数形式可写为：$F(x) = 1 - e^{-e^{\frac{x-\mu}{\gamma}}}$，$-\infty < x < \infty$，$\gamma > 0$。

则有：

$$\sigma_{ij}(u_i) = \frac{e^{\lambda u_{ij}}}{\sum_{k=1}^{J_i} e^{\lambda u_{ik}}} \tag{3.7}$$

式（3.7）表示行为人 i 选择策略 s_{ij} 的概率，也就是所谓的 Logit QRE 的反应函数。

如果每个行为人都依据 Logit 反应函数来决定选择各策略的概率，那么相应的 Logit QRE 可表达为：

$$\pi_{ij}^*(\lambda) = \frac{e^{\lambda u_{ij}(\pi^*)}}{\sum_{k=1}^{J_i} e^{\lambda u_{ik}(\pi^*)}} \tag{3.8}$$

3.3.2 参数化 QRE 的动态收敛性质

在式（3.8）中，可以看到只存在一个参数 λ，这就是将 Logit QRE 称为参数化 QRE 的主要原因。当 $\lambda \to 0$ 时，说明行为人面临的噪声影响很大，即其主观判断与可获取博弈占优的判断存在显著差异。此时行为人对各策略赋予的选择概率是相等的，为 $1/J_i$，这意味着行为人几乎无法区分各策略的优劣，因此最方便的选择方法就是对各个策略进行等概率的选择。随着时间的推移，行为人在进行重复博弈时，他们就可以通过学习不断增强自身的认知能力，从而计算的误差越来越小，即参数 β 越来越小，λ 越来越大，这时行为人所选择的 Logit QRE 就会逐渐收敛于纳什均衡。

根据上述逻辑，麦考芮和帕弗利（1995）通过数学推算[1]，证明了有关 Logit QRE 动态收敛的两个定理：

第一，令 $p^* = \{p_1^*, p_2^*, \cdots, p_n^*\}$ 为与 λ 相对应的 QRE，则当 $\lambda \to \infty$ 时，$\lim_{\lambda \to \infty} p^* = p$ 为纳什均衡。该定理说明了当 λ 随时间推移趋于无穷大时，行为人的选择将逼近纳什均衡。但需要强调的是，纳什均衡并不是 QRE 的一个特例。行为人虽然通过学习能提高自身的认知能力，但是最终却无法完全克服人类自身的有限性，所以纳什均衡只是一种理想的极限状态，人们在

---

[1] 对两个定理的证明参见 Mckelvey, R. D., Palfrey, T. R., Quantal Response Equilibria for Normal form Games, *Games and Economics Behavior*, 1995, 10, 6–38.

真实世界中只能不断地去接近它，最终却无法彻底达到。

第二，令 $p^* = \{p_1^*, p_2^*, \cdots, p_n^*\}$ 为与 λ 相对应的 QRE，则随着 $\lambda \to \infty$，p^* 将沿着唯一的一条路径收敛于某一个纳什均衡。该定理揭示了 QRE 的内生变动性。由于行为人为了达到博弈占优的目的，他们追求理性的努力不会停止，从而会在重复博弈的过程中通过学习来积累经验，随着博弈行为人理性水平的不断提高并向经济理性水平逼近，他们的博弈均衡状态也会相应地不断向纳什均衡调整。在这里可以不把参数 λ 完全理解为一个外生给定的变量，而将其视为一个会受到行为人内生学习影响的变量。这样，行为人对各策略的选择概率实际上是参数 λ 的函数。另外，该定理还说明当博弈中存在多个纳什均衡时，QRE 只会沿一条路径收敛于一个纳什均衡，而至于收敛于哪个纳什均衡，则与支付函数的结构有关。

3.3.3　参数化可数性反应均衡的实验证明

由于在 Logit QRE 公式表达中只有一个参数 λ，因此可以通过实验来获得多个同类行为人在同一期[①]的选择数据，然后利用极大似然法（maximum likelihood）[②] 估计出同一类行为人的 λ 值。

根据 λ 的估计值，可以判断在实际选择中行为人受噪声干扰的程度，还可以测算 QRE 的估计值，从而预测行为人的未来选择。通过比较发现，Logit QRE 对行为人选择行为的预测能力要优于纳什均衡的预测。如图 3-2 所示，图形表示的是对图 3-1 各策略点的二次抽样，但是给出的是 QRE 估计值。可以看出，图中的各点要比图 3-1 中更为接近特征线，这就说明 QRE 的估计值要比纳什均衡的推测更为精确。

---

① 由于随时间推移行为人会存在学习的过程，因此不能使用不同期的数据组成样本。

② 极大似然法是一种非线性拟合办法，其定义为：把样本观测值联合概率函数称为变量的似然函数，在已得到样本观测值的情况下，使似然函数极大化以求得总体参数估计量的过程就是极大似然法；其基本思想是：一随机试验已知有若干个结果 A，B，C，$\cdots$，如果在一次试验中 A 发生了，则可认为当时的条件最有利于 A 发生，故应如此选择分布的参数，使发生 A 的概率最大。

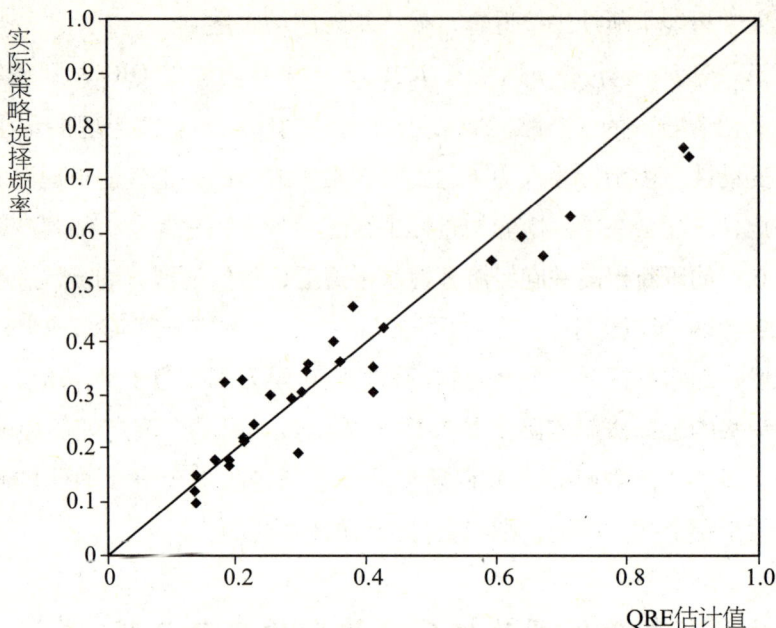

图 3 - 2　QRE 估计值与实际选择频率的对应关系

资料来源：改自卡梅瑞（2003）。

另外，对于一个双人零和博弈，博弈形式如图 3 - 3 所示。在该博弈中每个行为人有三个可选策略，分别为 A_1，A_2，A_3 和 B_1，B_2，B_3。

		行为人2		
		B_1	B_2	B_3
	A_1	15，-15	0，0	-2，2
行为人1	A_2	0，0	-15，15	-1，1
	A_3	1，-1	2，-2	0，0

图 3 - 3　双人零和博弈图示

（A_3，B_3）是该博弈形式唯一的纯策略纳什均衡，换言之，A_3 和 B_3 这两个策略都应以概率 1 被选择，然而实际数据却推翻了这一预测。表 3−1 给出了该零和博弈的实验数据，以及根据这些数据估计出的 λ 值和相应的 QRE 估计值①。

表 3−1　零和博弈实验中行为人对纳什均衡的实际选择频率与 QRE 估计

经验期	实际选择频率		A_3 及 B_3 的 QRE 估计	λ 估计值
	A_3	B_3		
1	0.720	0.667	0.696	0.176
2	0.806	0.706	0.781	0.252
3	0.880	0.833	0.838	0.329
4	0.887	0.853	0.869	0.390
5	0.907	0.907	0.906	0.500
6	0.873	0.860	0.886	0.435
7	0.853	0.867	0.890	0.448
8	0.907	0.933	0.916	0.547
9	0.893	0.920	0.915	0.542
10	0.920	0.907	0.918	0.533
11	0.907	0.933	0.920	0.564
12	0.920	0.933	0.932	0.635
13	0.927	0.920	0.929	0.616
14	0.927	0.953	0.929	0.616
15	0.913	0.900	0.915	0.542
16	0.900	0.920	0.919	0.558
17	0.946	0.927	0.925	0.592
18	0.900	0.927	0.927	0.604
19	0.933	0.973	0.946	0.737
20	0.920	0.933	0.926	0.598

注：每个经验期由 10 轮实验组成，共有 200 轮实验。

资料来源：改自麦考芮和帕弗利（1995）。

———————

① 由于（A_3，B_3）是该博弈形式唯一的纯策略纳什均衡，因此此处只给出了策略 A_3 和 B_3 的实际数据。

根据表 3 - 1 提供的实验数据，可以绘图直接按期对比 QRE 估计值与实验实际选择值之间的差异，明显可以看出 QRE 对实验数据预测得比纳什均衡更好。

图 3 - 4 表示了博弈行为人 1 选择纳什均衡 A_3 的实际概率和 QRE 的估计值。

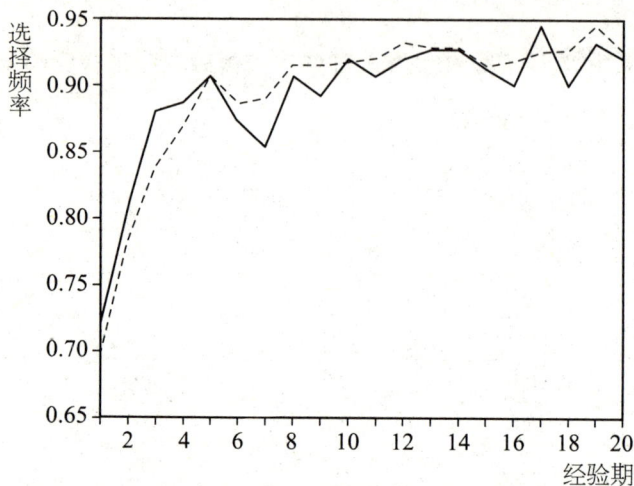

图 3 - 4 A_3 的选择频率（实线）与 QRE 估计（虚线）

资料来源：改自麦考芮和帕弗利（1995）。

图 3 - 5 表示了博弈行为人 2 选择纳什均衡 B_3 的实际概率和 QRE 的估计值。

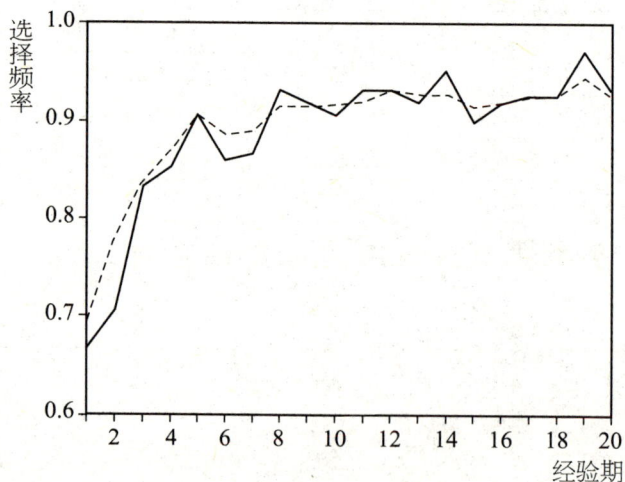

图 3 - 5 B_3 的选择频率（实线）与 QRE 估计（虚线）

资料来源：改自麦考芮和帕弗利（1995）。

图 3 – 6 表示了 λ 的估计值随时间推移的变动情况，从中可以看出 λ 值具有不断增大的趋势，这说明行为人通过学习逐渐提高了效用评估的准确程度。

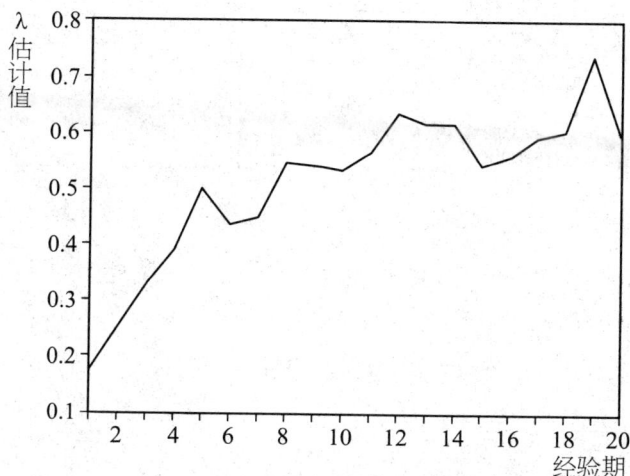

图 3 – 6　λ 估计值随时间推移的变动情况

资料来源：改自麦考芮和帕弗利（1995）。

由 QRE 的实验应用可以看出，QRE 通过内生化行为人的计算误差提高了对行为人实际选择的解释和预测能力。而作为 QRE 的一种参数化形式，Logit QRE 的单参数性质为实际分析提供了应用便利性。同时，Logit QRE 能提供行为人有否学习的证据，即如果在实践中能观察到 λ 值增大，就说明行为人在进行学习。

3.3.4　参数化可数性反应均衡的应用

为了直观展示 Logit QRE 的求解过程和动态收敛的性质，可以选择一个简单的标准式博弈模型进行演示。假设一个 2×2 标准式博弈模型，其中共有两名行为人，分别为行为人 1 和行为人 2，每人都有两个可选策略，行为人 1 选择 U 或 D，行为人 2 选择 L 或 R，而该博弈的支付矩阵如图 3 – 7 所示。

行为人2

	L	R
U	4, 0	0, 1
D	0, 1	1, 0

行为人1

图 3 - 7　一个 2 × 2 混合策略博弈的支付矩阵

首先求解这个博弈的纳什均衡。假设行为人 1 选择 U 的概率为 q，选择 D 的概率为 $1 - q$，$0 \leqslant q \leqslant 1$；行为人 2 选择 L 的概率为 p，选择 R 的概率为 $1 - p$，$0 \leqslant p \leqslant 1$。图 3 - 8 分别给出行为人 1 和行为人 2 的反应函数①曲线 $q(p)$ 和 $p(q)$。这两条反应函数曲线是运用传统求解方法得到的，它们的交点即为纳什均衡，为 $\{ (0.5, 0.5), (0.2, 0.8) \}$②。

然后，根据 Logit QRE 的定义，确定行为人实际选择的均衡点应该处于什么位置。首先看行为人 1 的情况。根据计算，行为人 1 选择 T 的 Logit 反应曲线为：

$$q = \frac{e^{\lambda u_U}}{e^{\lambda u_U} + e^{\lambda u_D}} = \frac{e^{\lambda[4 \times p + 0 \times (1-p)]}}{e^{\lambda[4 \times p + 0 \times (1-p)]} + e^{\lambda[0 \times p + 1 \times (1-p)]}} = \frac{e^{\lambda 4p}}{e^{\lambda 4p} + e^{\lambda(1-p)}} \quad (3.9)$$

式（3.9）确定了行为人 1 赋予在策略 U 上的选择概率，在图 3 - 8 中这条反应曲线表示为 $q(p, \lambda)$。

同样，可以确定行为人 2 的 Logit 反应曲线为：

---

① 反应函数是一个博弈方对另一个博弈方的每种可能的决策内容的最佳反应决策构成的函数，由于在混合策略中各博弈方的决策内容为一些概率分布，因此反应函数实际上就是一方对另一方的概率分布的反应，同样也是一定的概率分布，在本例中就是 p 和 q 之间的相互决定关系。

② 除了利用反应函数曲线之外，博弈的混合策略纳什均衡也可以通过直接计算求得。博弈中两个行为人的决策遵循两个原则，第一是不能让对方知道或者猜到自己的选择，因而必须在决策时利用随机性；第二是他们选择每种策略的概率一定要恰好使对方无机可乘，即让对方无法通过有针对性地倾向某个策略而在博弈中占上风。对于示例的博弈形式而言，博弈各方选择策略的概率必须满足 $p \times 0 + (1-p) = p \times 1 + (1-p) \times 0$；$q \times 4 + (1-q) \times 0 = q \times 0 + (1-q) \times 1$。这样就可以直接计算出 $p = 0.5$，$q = 0.2$，从而求得该博弈的混合均衡。

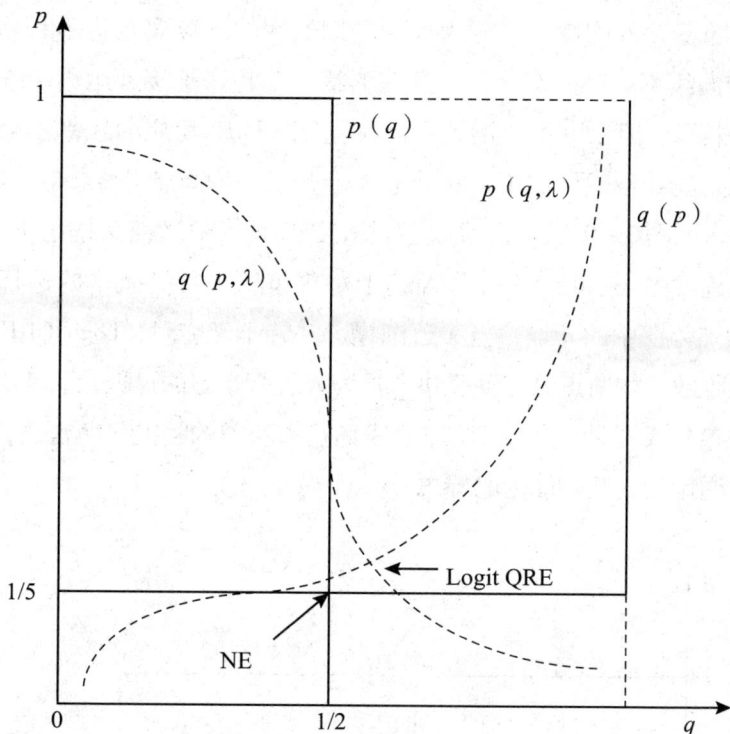

图 3 - 8　两种反应曲线和两种均衡点的比较

资料来源：改自那艺（2005）。

$$p = \frac{e^{\lambda u_L}}{e^{\lambda u_L} + e^{\lambda u_R}} = \frac{e^{\lambda[0 \times q + 1 \times (1-q)]}}{e^{\lambda[0 \times p + 1 \times (1-q)]} + e^{\lambda[1 \times q + 0 \times (1-q)]}} = \frac{e^{\lambda(1-q)}}{e^{\lambda(1-q)} + e^{\lambda q}} \quad (3.10)$$

式（3.10）确定了行为人 2 赋予在策略 L 上的选择概率，在图 3 - 8 中这条反应曲线表示为 $p(q, \lambda)$[①]。

$q(p, \lambda)$ 和 $p(q, \lambda)$ 这两条新反应曲线的交点正是 Logit QRE 所在的位置[②]。这个有限理性的均衡点与纳什均衡是偏离的。通过 Logit QRE 的性

---

　　① 需要说明的，$q(p, \lambda)$ 和 $p(q, \lambda)$ 这两条反应曲线轨迹的一个重要影响变量是 λ，而在图 3 - 8 中并没有表示 λ 的坐标。在只有表示 q 和 p 取值的双坐标系中要确定 $q(p, \lambda)$ 和 $p(q, \lambda)$ 两条反应曲线的轨迹，就必须对 λ 取确定的值。根据表 3 - 1 提供的实验结果估计的 λ 值的均值，在此对 $q(p, \lambda)$ 和 $p(q, \lambda)$ 两条反应曲线中的 λ 都赋值为 0.5107。并且，对两个不同博弈行为人的 λ 赋值相同也是一种简化选择，实际上，不同博弈者理性水平的差异会造成其受噪声干扰程度的不同，其 λ 赋值也应当有所差异。

　　② 图示的两条反应曲线并不是精确的图形，而是根据求导拐点确定的示意图，曲线相交得出的 QRE 点也是一个相对位置的示意点。

质可知，随着 λ 值的增大，行为人对预期效用的计算误差将不断缩小，故 Logit 反应曲线不但在位置上，而且在形状上都越来越接近运用传统方法得到的反应曲线。但无论 λ 值增大到何种程度，Logit 反应曲线都不会与传统反应曲线完全重合，而 QRE 均衡点也不会与纳什均衡点重合。

另外，如图 3 - 9 所示，可以通过改变参数 λ 的数值来描绘 Logit QRE 的变动轨迹。当 $\lambda \to 0$ 时，行为人趋于对各策略进行等概率的选择，此时 QRE 极限点为图中的 a 点，当 λ 逐渐增大并趋于无穷时，Logit QRE 将向纳什均衡点收敛。均衡点的变动反映了行为人进行学习的过程，而其中衡量噪声程度的参数 λ 是决定 Logit 反应曲线形状和位置的关键。换言之，λ 值的大小是说明行为人认知能力的标志。

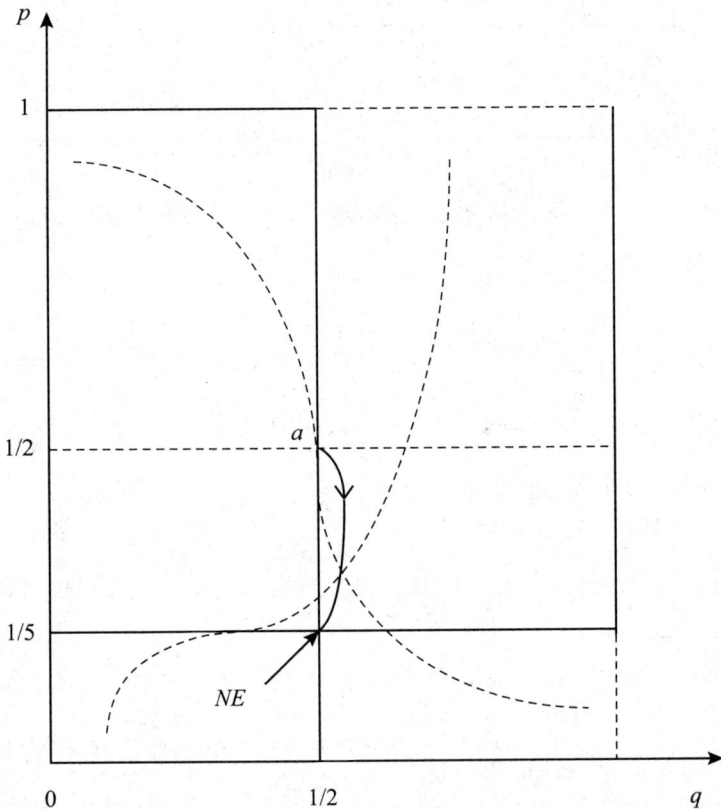

图 3 - 9　QRE 均衡点随 λ 值变动的轨迹

资料来源：改自那艺（2005）。

可以说，可数性反应均衡已经成为研究有限理性条件下互动决策的核心概念，在国外已有的相关文献中，一些学者利用可数性反应均衡理论对诸如拍卖、讨价还价、市场交换等问题进行了研究（Goeree & Holt, 2002；Kang-Oh Yi, 2005；Voliotis, 2006）。在国内，也有研究者运用该理论来重新讨论寡头竞争市场的产量选择和定价过程（那艺, 2005）。这些在互动决策中可数性反应均衡的应用性研究为本书试图开展的企业策略行为决策研究提供了有益借鉴。

3.4

本 章 小 结

标准博弈论演绎的纳什均衡能够回答有关博弈中每个行为人如何行动的问题，因此它也应当可以为企业策略行为决策提供有效的决策依据。但是，经济理性假设下的标准博弈理论分析假设了幼稚行为主体能力以外的复杂理性思维过程，因而纳什均衡也就是一种建立在行为人相互理性基础上的"经济理性均衡"。幼稚博弈行为人的思维决策往往无法满足标准博弈论描述的理性方法，其实际行为选择经常背离纳什均衡的预测，并且这种偏离是系统性的。许多学者因此对纳什均衡提出质疑，并认为基于经济理性演绎出的纳什均衡在现实中极易遭到违背，这一脆弱均衡对包括企业策略行为决策在内的现实决策的指导意义也值得商榷。为了寻求能够有效分析企业策略行为决策的理论工具，就必须突破标准博弈论在解释与预测方面的局限性，通过加入行为因素来改进标准博弈论的理性假定，通过大量的博弈实验来考察理论推断与实际结果之间的差异，从而达到准确解读现实决策行为的目标。

麦考芮和帕弗利以特定的统计学模型为基础，通过一系列博弈实验分析提出一个可以反映有限理性条件下博弈均衡的新概念——可数性反应均衡。可数性反应均衡理论认为，为了获取博弈占优，每个幼稚博弈行为人都有追求理性的动机，但有限理性的约束使他们的决策均衡很难与经济理性假定下的纳什均衡重合。因此有限理性的博弈行为人将自身的选择落在一个类似纳什均衡的均衡之上，这个均衡点与纳什均衡处于不同的位置，但是却具有与纳什均衡相似的基本特征，即每个行为人的策略选择都是对其他行为人策略选择的主观判断的"最优反应"。并且，行为人会不断考虑和修正自己的看法，当引入时间变量进行重复博弈时，这个可数性反应均衡点在每个博弈阶段都可能发生变动，并不断向纳什均衡收敛，而引起这种变动的力量就是行为人内生的学习能力，只有通过连续地学习才能不断提高行为人的认知能力，进而调整他们业已达到的均衡点。

可数性反应均衡是在纳什均衡的基础上对均衡概念所做的进一步发展，是行为人所选择的一种"不精确"的"纳什均衡"，而纳什均衡则成为行为人"信念中的均衡"。可数性反应均衡是研究者在对人类决策时所受到的内生影响因素进行重新思考后，继承有限理性的理论观点，通过修正行为人的行为方式而发展出的一个具有某种内生变动性的均衡分析范式。

为了确定可数性反应均衡与纳什均衡的相对位置，研究者以可数性反应均衡定义中抽象的数学表达式为基础，构建了将行为人受噪声影响的程度参数化的可数性反应均衡函数，而其中的唯一参数就是表示噪声效应的 λ。利用参数化可数性反应均衡函数进行的实验结论表明，可数性反应均衡的估计值要比纳什均衡的推测更为贴近现实选择。同时，实验数据还显示参数化可数性反应均衡能提供行为人是否存在学习的证据，即如果在实际中能观察到 λ 值在增大，就说明行为人在进行学习。λ 值的大小是说明行为人认知能力的具体标志，当 λ 逐渐减小并趋于零时，行为人几乎没有对各种策略进行优劣辨别的能力，而趋于对各策略进行等概率的选择；当 λ 逐渐增大并趋于无穷时，可数性反应均衡点将向纳什均衡点收敛。

但是，麦考芮和帕弗利的研究并没有指出不同策略行为决策者对应的参数 λ 是如何形成的，只提出了根据实验数据通过最大似然估计法获得的参数 λ 的拟合数值。特定实验情境中的参数 λ 拟合值对其他实验和实践决策的适用性并不确定，这就妨碍了可数性反应均衡理论对现实决策的解释和指导作用。实质上，对于存在显著差异性的决策主体和决策情境而言，参数 λ 确切数值的估计并不那么重要，关键在于要明确参数 λ 的主要影响因素及影响机制，这也是本书下一章的主要研究内容。

第*4*章

策略行为决策机制的
影响因素研究

　　由于行为主体理性假设脱离实际，经济理性假设下的标准博弈论并不能为以"幼稚"的"黑箱"行为人作为行为主体的企业策略行为决策提供有效的分析范式。在有限理性替代经济理性成为研究理性假设的条件下，交互决策研究的均衡标准由纳什均衡转变为可数性反应均衡（QRE）。QRE 成为基于有限理性的企业策略行为决策研究的核心概念。作为 QRE 的一种应用形式，参数化可数性反应均衡（Logit QRE）仅采用唯一参数 λ 就可以准确确定可数性反应均衡与纳什均衡的相对位置。参数 λ 表示交互决策的行为人受噪声影响的程度，参数 λ 越大，说明交互决策的行为人受噪声影响的程度越小，在 λ 趋于无穷大时行为人就可以保证达成博弈占优的目标。参数 λ 越小，说明交互决策的行为人受噪声影响的程度越大，在 λ 趋于零时行为人无法对所有可能备选策略的效用预期进行优劣排序，而只能进行等概率选择，其达成博弈占优目标的可能性也相应很小。基于有限理性的策略行为决策机制的影响因素研究也将围绕这个关键的参数 λ 展开。换言之，研究有限理性条件下的策略行为决策机制就是研究 QRE 的形成与变动过程，

而由于参数 λ 是决定 QRE 的具体位置和动态轨迹的基本因素，因此确定有限理性条件下的策略行为决策机制影响因素的研究工作就可以具体化为确定参数 λ 的影响因素。由于麦考芮和帕弗利发展的可数性反应均衡理论仅将 λ 作为简化推理过程中一个人为设计的参数，参数 λ 影响因素的系统研究目前几乎处于空白状态。本书根据行为经济学基于不同博弈模型的理论研究和实验结论，提出这样的观点：作为表示交互决策的行为人受噪声影响程度的参数，实质上也是反映行为人主观最优反应与实质占优策略①差异程度的参数，λ 的影响因素主要包括思维推理能力的约束、重复决策的学习效应和个性化的效用评估倾向三个方面。

4.1

思 维 推 理 能 力 的 约 束

　　策略行为决策的一个基本特征就是决策者的决策支付不仅取决于自身的决策选择，还取决于竞争者的行动类型，并且在大多数情况下，竞争者行为选择的影响与决策者自身行为选择的影响是对等的。换言之，策略行为决策的收益情况处于一种互动不确定性中，任何一方的决策者似乎都没有占优的主导权。策略行为决策中的单方决策者要提高其获取收益、回避损失的概率，就必须对竞争者的行为选择形成准确的预期。这种企图推断竞争者决策的行为是双方面的，而只有在某一决策者形成相对其竞争者领先一步的推断，这种预测工作才能真正对决策者的行为选择和支付获取起到正面作用。以作为本书研究起点的企业研发竞赛投资决策为例，竞赛双方只有在对方不进行成功的研发投资的情况下才能通过研发投资获取预期的超额租金，而一旦双方都成功进行了类似的研发投资，则二者就都会因为市场份额的缩减而蒙受高额的损失。可以说，准确推断竞争者的行为选择是企业研发竞赛投资

---

　　① 占优策略是标准博弈论中的一个核心概念，即指行为人有一个无论对方选择什么策略都是最佳应对的策略。因此这时该行为人的选择完全不受对方选择的影响。在这一概念下，博弈双方都存在各自的占优策略，那么所形成的均衡就是占优均衡。

决策取得博弈占优的关键。因此，决策者行为选择的一个重要影响因素是其对竞争者行为的预测推断能力，而其主观最优反应与实质占优策略的差异就取决于其思维推理能力的强弱。表现思维推理能力约束与策略行为决策机制相关性的代表性博弈实验就是可以包括多位行为人的选美竞猜博弈实验。

4.1.1　思维推理能力约束的实验证明

4.1.1.1　选美竞猜博弈实验

1. 基本思想

凯恩斯（Keynes，1936）在其著作《就业、利息与货币通论》中有一段关于选美比赛的著名叙述："报纸上发表一百张照片，要参加竞赛者选出其中最美的六个，谁的结果与全体竞赛的平均爱好者最接近，谁就得奖。在这种情况下，每一参加竞赛者都不选他自己认为最美的六个，而选他认为别人认为最美的六个。"这就是所谓选美竞猜博弈的基本思想。

研究者（Nagel，1995；Ho，Camerer，Weigelt，1998）为此设计了一个简单的博弈实验：N 个行为人同时在 $[0, S]$ 选择一个数字 X_i，计算所有数字的平均数再乘以一个小于 1 的系数 P，将得到的数值与每个行为人的选择相比，最接近的行为人就获得一笔 A 支付。

2. 标准博弈论的求解过程

在一个典型的选美竞猜博弈中，N 个行为人同时在 $[0, 100]$ 选择一个数字 X_i，计算所有数字的平均数再乘以 0.7 的系数，将得到的数值（平均数的 70%）与每个行为人的选择相比，最接近的就获得一笔支付。按照标准博弈的观点，这是一个占优可解博弈，因为它可以通过重复剔除劣战略得出唯一均衡解。

要选出一个最接近目标数字的数是一个不断推理的过程：选择 70 以上的数字就是劣战略，因为平均数的 70%（目标值）最高也只能是 70，所以选择任何低于 70 的数字都能使你情况改善。如果每个人都是这么做的，那么最高的目标值就变成 49（70×70%），这样选择 49~70 之间的数字又变成劣战略。依次类推，通过重复剔除劣战略最后只能得出 0 这唯一的纳什均衡解。

3. 实验研究成果

1995 年，纳吉尔（Nagel）选择 14 ~ 16 岁的德国学生进行了首次选美竞猜博弈实验研究；此后，侯（Ho），卡梅瑞和瓦埃道特（Weigelt）于 1998 年在 $P > 1$ 与 $P < 1$ 两种情况交替进行的条件下，再一次重复了纳吉尔的实验研究。表 4 - 1 给出了实验所得的数据，说明大部分实验对象的推理层级是在两步以内，其中 ω_k 表示进行 k 步推理并认为其他人进行（$k - 1$）步推理的行为人比例，ω_0 表示认为行为人选择服从正态分布的比例。

表 4 - 1   "选美比赛" 竞猜博弈实验行为人推论层级数据

推理层级	侯，卡梅瑞和瓦埃道特（1998）		纳吉尔（1995）	
	$P < 1$	$P > 1$	$P = 1/2$	$P = 2/3$
ω_0	0.22	0.16	0.16	0.28
ω_1	0.31	0.21	0.38	0.34
ω_2	0.13	0.13	0.47	0.37
ω_3	0.34	0.50	0.00	0.00

资料来源：改自卡梅瑞（2003）。

卡梅瑞曾经在 Caltech（加州理工学院）董事会上让一位董事（一位著名的金融学博士）对 $P = 0.7$ 的选美竞猜博弈实验作出他的选择，他选择 18.1。这位董事解释说，他知道这个博弈的均衡解是 0，但是他估计 Caltech 董事会的成员的平均水平可以推理出两步，平均值就是 25，所以应该选择 17.5（25×0.7），但考虑到可能有极少数人会选择更高的数字而使平均值上升，同时不想和选择 17.5 和 18 的人得分相同，所以又加了 0.6，最后选了 18.1。事实证明，这位董事取得了博弈占优，而这就是一个典型的选美博弈成功求解过程。

4.1.1.2 实验启示

选美竞猜博弈中，行为人需要考虑其他行为人的认识能力和推理能力。随着博弈次数的增加，行为人的认识和推理也在不断变化，应该适应这种变化随之调整策略。要在博弈中获得最大收益，行为人需要比其他行为人的平均水平领先一步，同时也只能是一步。但是，在实际行为选择过程中，决策者由于思维推理能力的有限，而无法完成获取博弈占优所要求的多次重复推理过程。其主要原因有两点：第一，人脑的即时记忆是有限的；第二，重复推理要求特定行为人确认其他行为人的思考方式，同时其他行为人也能够确认特定行为人的思考方式，而这一条件很难满足。作为影响博弈占优获取的重要因素，思维推理能力高低可以表示为决策者各自的认知层级水平，如纳吉尔和卡梅瑞实验的推理层级指标 ω_k。引入可表示决策者思维推理能力约束的认知层级指标为更具体地探讨策略行为决策机制提供新的可能。

4.1.2　认知层级角度的决策机制研究

4.1.2.1　认知层级理论

策略行为决策者的思维并不是中立第三方的思维，他能做到的只是变换着把自己设想成自己和设想成对方，而这种角色变化对心理资源稀缺的行为人而言是相当困难的，纳吉尔（1995）的选美竞猜博弈实验就证明这种反复思维的次数是有限的。卡梅瑞等研究者（2002）则进一步通过一系列的实验研究和模型分析，提出了认知层级理论（cognitive hierarchy theory）反映这种有限的理性思维。

认知层级理论指出，博弈行为人所能进行的反复思维次数是有限，并且是互有差异。能做 k 步反复思维的行为人会认为其他所有的行为人反复思维的次数都少于 k，而进行 0 步反复思维的行为人则是在可选择的策略中以平均的概率进行随机选择。在该理论中，第 i 位博弈行为人，可选择的策略个数为 m_i，其策略选择表示为 S_i^j；而其他博弈行为人表示为（$-i$），可选择的策略个数为 m_{-i}，其策略选择表示为 $S_{-i}^{j'}$；第 i 位博弈行为人的博弈支付可表示为 $\pi_i(s_i^j, s_{-i}^{j'})$[①]。

第 i 位博弈行为人，选择策略 S^j，并进行 k 步反复思维的概率表示为 P_k

---

① 这里的博弈支付 $\pi_i(s_i^j, s_{-i}^{j'})$ 可以表示博弈支付矩阵中作为共同知识的支付信息。

(s^j)，其预期支付为 $E_k(\pi_i(s^j))$。如果第 i 位博弈行为人只能进行 0 步反复思维，则 $P_0(s^j) = \frac{1}{m_i}$①。

实际情况中，博弈行为人进行反复思维次数的频率可表示为 $f(k)$，并服从泊松分布②（Poisson Distribution），即：

$$f(k) = \frac{e^\tau \tau^k}{k!} \tag{4.1}$$

其中，τ 表示所有行为人反复思维次数的平均值，实验表明这个平均值介于 1 和 2 之间③。

认知层级理论认为，每位可以进行 k 步反复思维的博弈行为人对 $f(0)$ 到 $f(k-1)$ 都有精确的认知。也就是说。进行 k 步反复思维的博弈行为人可以确定博弈中进行 h 步反复思维的行为人的比例 $g_k(h)$ 如下式所示：

$$g_k(h) = \frac{f(h)}{\sum_{i=0}^{k-1} f(k)}, \forall h < k \tag{4.2}$$

$$g_k(h) = 0, \forall h \geq k$$

在这样的条件下，第 i 位进行 k 步反复思维的博弈行为人选择策略 s^j 的预期支付可以表示为：

$$E_k(\pi_i(s^j)) = \sum_{j'=1}^{m-i} \pi_i(s^j, s^{j'}) \left\{ \sum_{h=0}^{k-1} g_k(k) \cdot P_h(s^{j'}) \right\} \tag{4.3}$$

上述预期支付 $E_k(\pi_i(s^j))$ 是一个复杂的公式表达，但如果对其进行抽象简化，不难发现它其实是作为共同知识的博弈支付 $\pi_i(s_i^j, s_{-i}^j)$ 与一个修正系数的乘积。这一修正系数虽然与可数性反应均衡理论中的参数 λ 尚未形成准确的数学对应关系，但是二者在逻辑上是一致的。换言之，认知层级理论对博弈预期支付的分析为可数性反应均衡中的参数 λ 的形成机制提供了一个可靠的解释。

---

① 这种对可能策略的随机等概率选择情况与可数性反应均衡理论中参数 λ 趋于零时情况非常类似，也可以将其解释为 λ 趋于零的一种可能原因。

② 泊松分布是一种离散概率分布，应用于描述一个区间内某一随机事件的发生。随机变量 x 是这个事件在此区间内的发生次数。这个区间可以是时间、距离、面积、体积或其他类似的单位。泊松分布服从下列条件：（1）随机变量 x 是一个事件在某区间内的发生次数；（2）事件的发生必须是随机的；（3）事件的发生必须是互相独立的；（4）在所使用的区间内，事件的发生必须是统一的分布。

③ 根据 80 个博弈实验的结果，参数 τ 的取值介于 0.98 和 2.40 之间，而其均值为 $\tau = 1.65$。

4.1.2.2　认知层级角度的博弈过程演示

认知层级理论用比较复杂的数学表达说明了思维推理能力约束对行为人主观效用判断的影响，为可数性反应均衡中的参数 λ 提供了一个重要的注解。为了更加直观地解释思维推理能力对博弈过程的影响，下面将通过一个简单的双方博弈模型进行认知层级角度的博弈过程演示。

在一个双方博弈中，根据认知层级理论，可以简化地假设两个行为人中有一个具有两步的反复思维，而另外一个则具有一步的反复思维。从而可以进一步求解出认知层级角度的博弈均衡。具体而言，具有一步反复思维的行为人决策过程是：首先，认定对方（那个实际上比他聪明一步的人）是一个只具有 0 步反复思维的行为人，即认为对方是纯粹随机做出决策的；在此基础上该行为人做出他本人的最佳选择。但是另外一个行为人要更高明一步，因此他在预见到一步反复思维者的思维过程和决策制定之后，再根据自己的情况做出主观最优反应，从而达到博弈均衡。

在一个支付矩阵如图 4－1 所示的双方博弈中，假设行为人 1 是两步反复思维者，而行为人 2 则是一步反复思维者。因此行为人 2 首先认为行为人 1 会随机做出决策，即认为行为人 1 选择 A_1，A_2，A_3 策略的概率都是：$P_0(s^i) = \dfrac{1}{m_i} = \dfrac{1}{3}$。

行为人2

		B_1	B_2	B_3
	A_1	4，3	3，4	1，5
行为人1	A_2	2，5	1，7	2，4
	A_3	3，6	4，1	3，2

图 4－1　简单双方博弈支付矩阵

于是行为人 2 可以计算得出其选择 B_1，B_2，B_3 策略各自的预期支付分别是：

$$U_2(B_1) = (3 + 5 + 6)/3 = 14/3$$

$$U_2(B_2) = (4 + 7 + 1)/3 = 12/3$$

$$U_2(B_3) = (5 + 4 + 2)/3 = 11/3$$

由于 $U_2(B_1) > U_2(B)_2 > U_2(B_3)$，因此行为人 2 的选择是策略 B_1。

另外，由于行为人 1 比行为人 2 多思维一步，因此行为人 1 根据行为人 2 的策略选择（选择 B_1）做出自己的最优反应，即选择策略 A_1。这样就产生了基于认知层级的博弈行为人主观最优判断形成的均衡解（A_1，B_1），而在标准博弈论的分析框架内，是无法用重复剔除劣策略的方法求得唯一均衡解的。

4.1.3 小结

认知层级理论的框架和简单双方博弈模型的演示从一个角度说明了策略行为决策者基于各自不同思维推理能力的约束作出主观最优反应的过程。策略行为的决策者基于自身的心理资源确定自身进行反复推断的次数，同时假设其他竞争者的反复推断次数都少于自己。并且，在假设所有决策者进行反复思维次数的频率服从泊松分布的情况下①，特定决策者可以推断其他竞争者的思维推断情况，并估测出自身策略选择的效用，继而根据效用估测作出主观最优反应。由于决策者思维推理能力的不同直接影响其各自主观最优反应的选择，因此该约束是反映行为人主观最优反应与实质占优策略差异程度的参数 λ 的重要影响因素。

4.2
重复博弈的学习效应

表现思维推理能力约束对策略行为决策机制影响的认知层级理论探讨的

---

① 所有决策者进行反复思维次数的频率服从泊松分布的假设是根据大量实验数据的统计结果作出的。

是一次性（one-shot）决策的问题，而实际上很多情况下决策者进行的是重复决策。一个特定的决策者由于其专业领域和自身能力等原因，往往在不断重复进行同一类决策，甚至有时候其决策的竞争对手也是相对固定的。在多次类似的决策过程中，决策者由于其追求博弈占优①的目标会不断进行经验教训的总结从而提高自身的认知水平（上面论述的思维推理能力就是其中重要的一种），即产生所谓的"学习效应"（learning effect）。

4.2.1　学习效应的实验证明

图4-2表示了侯、卡梅瑞和瓦埃道特的选美竞猜博弈实验研究成果。条形图的左坐标表示实验的轮次，右坐标表示行为人的选择，竖坐标代表每一轮博弈行为人选择某一数字范围的频率。在第一轮选择中，选择的数字集中在21~40，统计分析表明行为人平均在重复剔除中只进行了1~2步。值得注意的是，随着博弈次数的增加，所有行为人的认识都在不断深化，行为人的选择会慢慢向标准博弈均衡解0靠拢。可以说，博弈行为人在重复决策的过程中，以追求博弈占优为目标，根据不同轮次决策的结果，依据强化的心理机制②，不断调整对其他行为人行动选择的信念，从而形成了不同的博弈选择。换言之，对于每一次单轮博弈者，获取博弈占优的基本条件仍然为是否具备强于竞争者的思维推断能力，只是在博弈轮次的递进中，每个博弈行为人的认知层级由于学习效应而处于动态变化之中。

4.2.2　学习模型的发展

学习效应的研究约100年前起源于心理学。心理学家识别到两种主要的学习过程：经典性条件作用和工具性条件作用，前者由生物学家巴甫洛夫通

---

①　这里追求博弈最优与追求提高理性水平可以视为是等价的，因此这一观点与可数性反应均衡的动态演变观点是一致的。

②　强化的心理机制是指：当一种行动导致了奖赏，即正的产出，那么这个行动在未来发生的概率就会增加。而一种导致惩罚，即负的产出的行动在未来发生的概率就会下降。

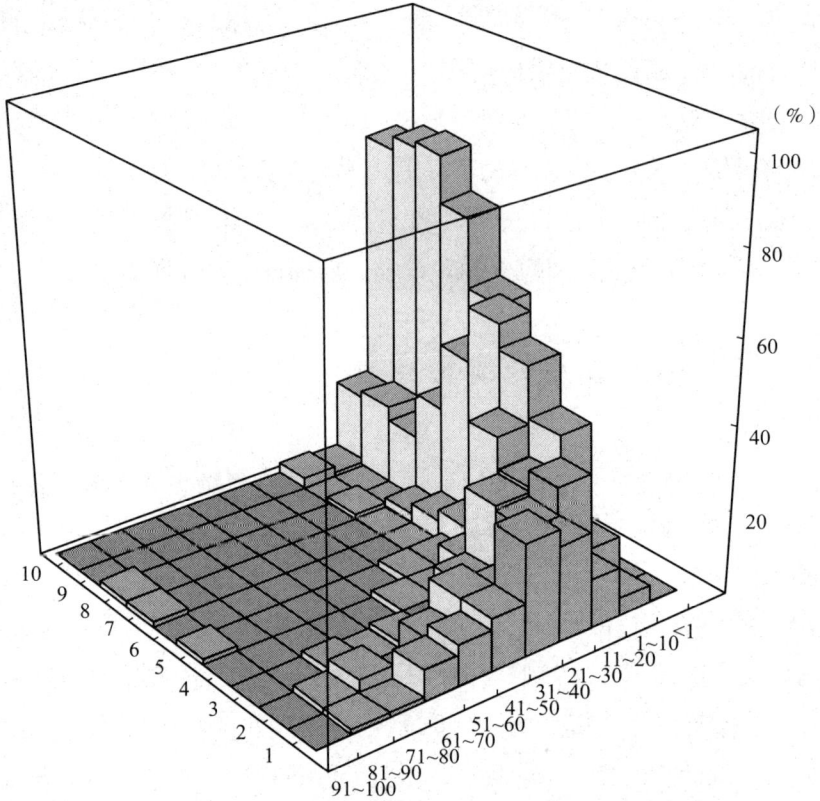

图 4 - 2　选美竞猜博弈实验结果

资料来源：改自卡梅瑞（2003）。

过实验提出，而后者由心理学家斯金纳提出①。经典性条件作用描述了现存模型基础上的新的刺激和强化。到目前为止，这种学习过程的数学模型仅在心理学的范围内建立了正式模型（Rescorla & Wagner，1972），而经济学研究更多关注的是工具性条件作用的过程。

心理学和经济学的研究提出不同的有关学习过程及其特征的学习模型，

---

① 两种条件反射的基本原理相似，即都需要通过强化和神经系统的正常活动为基本条件才能形成条件反射。但是，在经典性条件反射过程中，动物是被动地接受刺激；而在工具性条件反射过程中，动物处于自由活动状态，个体主动地通过工具来达到一定的目的。另外，在工具性条件反射中强化只同反应（操作）有关，出现在操作之后；而在经典性条件反射中，强化与刺激有关，而且出现在反应之前。一般而言，在一个比较复杂的条件反射中，既含有工具性条件反射，又含有经典性条件反射。

主要可以分为两类，即基于强化（reinforcement-based）的学习模型和基于信念（beliefs-based）的学习模型。基于强化学习模型认为：由于行为人所能利用的信息有限，并且有些信息可能无法得到；有些信息即使可以得到，但相对于潜在的收益需要支付的成本太高。因此，这类模型并不要求行为人形成有关其他行为人可能行动的信念，也就是说对手是谁对行为人来说并不重要。这意味着不要求行为人拥有有关对手的任何知识，只要求强化的力量来自行为人过去行动的支付，随着时间的演化行为人调整自己的行为，从而使能够获得较高支付的行为更多地被采用。基于信念学习模型则认为在重复博弈中行为人通过对博弈历史的观察，能够明显形成有关其他行为人未来行动的信念，在给定信念下每个行为人选择使自己得到合意（aspiration levels）期望支付的策略。

4.2.2.1 强化学习模型

强化学习模型是一种基于心理学实验的学习模型。强化学习的关键就是：如果一种策略导致了奖赏，即正的产出，那么这个策略在未来发生的概率就会增加；反之，如果一种策略导致了惩罚，即负的产出，那么这个策略在未来发生的概率就会下降。

强化学习模型要求行为人用过去策略的支付来度量强化的强度，一般而言存在两种度量强度的方法。在研究强化学习模型的早期，研究者认为强化的强度来源于过去策略累积的支付或者标准化后的累积支付（Bush & Mosteller，1955）；随着强化学习模型的发展，一些研究者提出另一种度量方法，认为强化的强度应该来源于过去策略的平均支付，而不是累积的支付（Mookerjhee & Sopher，1997；Sarin & Vahid，1997）。尽管这两种对强度的处理方法在形式上不同，但其实质是一样的，即如果一个策略所得到的支付增长幅度较高（低），那么以后选择该策略的概率就以较高（低）的幅度增长。

下面通过简单介绍 Roth – Erev 模型来具体说明强化学习模型。假定行为人的行动空间为 S，仅有两个可供选择的策略 $\alpha(\alpha = A, B)$。在重复博弈的第 t 时期，行为人在信息集 I 中有一个非负的初始强化强度 $q'(\alpha \mid I)$ 选择策略 α，则在 t 时期行为人在信息集 I 选择两策略的强度总和 $Q'(I)$ 可表示为：

$$Q^t(I) = q^t(A|I) + q^t(B|I) \qquad (4.4)$$

对于任何 $t \geq 1$，在第 $t+1$ 时期，将在 t 时期选择某策略 A 或 B 所得的支付直接加到 t 时期选择策略的强度上就可以得出第 $t+1$ 时期选择特定策略 α 的强度，具体可表示为：

$q^{t+1}(\alpha|I) =$

$$\begin{cases} q^t(\alpha|I) + \pi，在 \text{ t } 阶段达到信息集 I，并且选择策略 \alpha，得到支付为 \pi \\ q^t(\alpha|I)，在 \text{ t } 阶段没有达到信息集 I，或者没有选择策略 \alpha \end{cases}$$

$$(4.5)$$

式（4.5）也可以有一个简化表达形式，即令 $I(\alpha, y)$ 为指示函数（indicator function），当 $\alpha = y$ 时其函数值为 1，否则函数值为 0。这样式（4.5）就可以简化表达为：

$$q^{t+1}(\alpha|I) = q^t(\alpha|I) + I(\alpha, y) \ \pi \quad \alpha, y \in \{A, B\} \qquad (4.6)$$

上述模型表达说明了强化强度来源于过去策略累积支付的情况，而如果认为强化强度直接来源过去策略的平均支付，那么行为人第 $t+1$ 时期选择特定策略 α 的强度就可以表示为：

$$q^{t+1}(\alpha|I) = \phi q^t(\alpha|I) + (1-\phi)I(\alpha, y) \ \pi \quad \alpha, y \in \{A, B\} \qquad (4.7)$$

其中，ϕ 是"遗忘参数"（forgetting parameter），表示过去支付对未来策略选择影响随着时间推移的影响而逐渐削弱的程度。

根据上述研究，可以作出以下推论：在每一时期，行为人都通过策略所得到的支付来增加选择某种特定策略的强度。假定在第一时期初始强度是外生的，t 时期在信息集 I 时选择策略的概率 $p^t(\alpha|I)$ 可表示为：

$$p^t(\alpha|I) = \frac{q^t(\alpha|I)}{Q^t(I)} \qquad (4.8)$$

行为人依据此概率来选择策略行动，显然这个模型并不要求行为人知道博弈支付及对手的任何信息，只需知道自己在过去各时期的支付或者选择不同行动的累积支付。

4.2.2.2　信念学习模型

强化学习模型没有把博弈行为人的相互影响考虑进去，但在多数情况下这种影响是存在的。因此一个合理的模型应考虑到这些因素，即博弈行为人都会从对手行动历史来推断博弈支付矩阵的结构而形成有关对手未来行动的信念或者推断（conjectures）。在给定这些信念的条件下，行为人选择能够获得合意期望支付的行动。在这样的指导思想下，基于博弈互动实验证据的信念学习模型应运而生。简而言之，信念学习模型就是行为人通过观测其他行为人在过去各期内采取各种行动的概率，进而对此做出最佳响应，选择能够给自己带来最大预期支付的行动。

下面通过简单介绍弗登博格和莱文（1998）提出的学习模型来具体说明信念学习模型。假定在一个双方博弈中，行为人的行动空间为 S，对手仅有两个可供选择的策略 $\alpha(\alpha = C, D)$。在每一个信息集 I 行为人对对手行动所形成的信念可以用一个非负的信念权重（belief weights）来表示：t 时期行为人在信息集 I 形成的有关对手选择行动 α 的信念权重用 $b^t(\alpha \mid I)$ 表示；而在信息集 I 中对手选择两种行动的信念权重之和表示为 $B^t(I)$，即：

$$B^t(I) = b^t(C \mid I) + b^t(D \mid I) \tag{4.9}$$

对于任何 $t \geqslant 1$，在 $t+1$ 时期行为人通过如下方式修正自己的信念权重：
$$b^{t+1}(\alpha \mid I) =$$

$$\begin{cases} (1-\delta)b^t(\alpha \mid I) + 1, & \text{行为人达到信息集 } I, \text{并且对手选择策略 } \alpha \\ (1-\delta)b^t(\alpha \mid I), & \text{行为人没有达到信息集 } I, \text{或者对手没有选择策略 } \alpha \end{cases}$$

$$\tag{4.10}$$

其中，参数 δ 表示对手过去行为与现在行为对行为人信念形成影响的相对强度。$\delta = 0$ 表示在博弈的各时期对手的行为对行为人信念形成有相同的影响；$\delta = 1$ 表示只有最近的对手行为才对行为人的信念形成产生影响；$\delta \in (0, 1)$ 表示最近的对手行为对行为人的影响大而过去的行为对行为人的影响少，表示行为人的记忆是不断衰退的；$\delta < 0$ 则与上述的情形正好相反。t 时期在信息集 I 行为人形成有关对手选择行动 α 的概率与信念权重有如下的对应关系：

$$\mu^t(\alpha \mid I) = \frac{b^t(\alpha \mid I)}{B^t(I)} \tag{4.11}$$

在给定对手选择每种行动的概率之后，行为人可以估算出与可供选择的

每一个纯策略 $s(s \in S)$ 对应的期望支付 $\pi(s \mid \mu^t(\alpha \mid I))$。因此，在第 t 期，行为人在给定对手信念 $\mu^t(\alpha \mid I)$ 的条件下，选择纯策略 s 的概率 p_s^t 可表示为：

$$p_s^t = \frac{\exp(\pi(s \mid \mu^t(\alpha \mid I)))}{\sum\limits_{s \in S} \exp(\pi(s \mid \mu^t(\alpha \mid I)))} \tag{4.12}$$

博弈行为人将比较每个纯策略的不同概率值，选择具有最大概率值的策略为自己的最优反应。显然这个模型并不重视行为人自己过去行动的支付，而只关注对手过去行动的历史。

4.2.2.3　两种学习模型的比较

强化模型与信念模型是学习模型的两种特殊情形，它们的联系是非常紧密的。根据不同研究者的研究结论，利用虚拟博弈信念[①]或者对手选择的历史信息所计算出的期望支付与利用行为人过去行动实际支付所计算出的期望支付几乎是一样的（Fudenberg & Levine，1995；Cheung & Friedman，1997）。

许多实验经济学家对两类学习模型预测实验对象行为的准确程度进行了大量的研究。摩可吉和索夫（Mookherjee & Sopher，1994）利用实验数据比较了两类模型的优劣，他们的数据来自分钱博弈（Matching Pennies）[②]，其研究结论是强化模型能够更好预测实验对象的行为[③]。并且，摩可吉和索夫（1997）通过一些更复杂的实验进一步研究实验对象的行为也得出了类似的结论[④]。伊莱夫和罗斯（Erev & Roth，1998）利用一个仅有一个混合策略均

---

① 所谓"虚拟博弈"是指行为人以相同的权重考虑博弈的历史对未来行动的影响，不考虑记忆随着时间而减退。

② 分钱博弈也称为"赌便士"，在这个博弈中，两个行为人同意一个是"Even"（偶数），一个是"Odd"（奇数）。每个人同时出示一个便士，每个行为人可以展示便士的正面或反面。如果两人展示出同一面，Even 将赢得 Odd 的便士；反之如果他们展示出不同的币面，则 Odd 将赢得 Even 的硬币。

③ 他们在实验中把实验对象分为两类，告知其中一类对象在博弈结束时所得到的支付（这就给出了强化学习的足够的信息，但没给出有关信念的信息）；告知另一类实验对象实际的支付矩阵、对手所作出的选择及行为人自己所得的支付（这就给出了信念学习的足够信息）。实验结果表明，前一类行为人在实验过程中所得的结果与强化模型的结果一致；后一类型对象的实验结果表明：强化学习模型与信念模型都不能对实验结果给予很好的描述。

④ 一般性的分钱博弈的是 2×2 博弈，在 1997 年的研究中他们利用 4×4 和 6×6 博弈进行实验。

衡的博弈来分析实验对象的累积行为，他们的研究结论是强化模型比信念模型的预测更准确，较好的信念模型是那些类似于强化模型的模型。菲尔特维奇（Feltovich，2000）的研究首先批评了前人的观点，他认为，摩可吉和索夫的研究仅利用他们自己的实验数据来对两类模型进行比较，同时他们利用不同的博弈或者不同的拟合度标准而得出的结论不一定能准确反映实验对象的行为，因此他们所得出的研究结论是难以令人信服的；而伊莱夫和罗斯仅利用事前选择好的信念模型而发现强化模型的预测要比信念的预测准确，这只能说明他们所选择的信念模型"运气不佳"（bad luck）。菲尔特维奇通过对非对称信息博弈中实验对象行为的考察提出这样的观点：两类学习模型对行为预测的准确程度不仅依赖于所选博弈类型，而且依赖于所选的拟合度标准；并且，就实验对象进行的非对称信息博弈而言，两种类型的学习模型都比静态的纳什均衡更好地描述实验对象的行为。综合上述研究观点，可以得出这样的推论：在零和博弈的实验中，强化学习模型优于信念学习模型；在协调博弈的实验中信念模型优于强化学习模型。

4.2.3　经验权重吸引模型

卡梅瑞和侯（1999）吸收整合了前人的学习模型研究，提出包含强化学习模型和信念强化学习模型的一个一般化模型，即经验权重吸引模型（experience-weighted attraction model，EWA），将强化学习和信念学习两种学习过程描述为特定模型不同参数选择下的边缘情况，从而为解释重复博弈中的学习问题提供了新的视角。

4.2.3.1　两个更新规则

EWA 模型的核心是两个关键变量，分别是 $N(t)$ 和 $A_i^j(t)$，二者随着博弈轮次的递进都会不断更新。变量 $N(t)$ 表示经验权重（experience-weighted），可以视作是过去经验的"等价观测"（observation-equivalents）数。变量 $A_i^j(t)$ 表示 t 时期后行为人 i 对策略 s_i^j 的吸引（attraction），这里的吸引可以理解为博弈支付。初始权重 $N(0)$ 和初始吸引 $A_i^j(0)$，假设为是外生给定的，来自对类似博弈的反省和学习而产生的博弈前的思考。

随后，研究者提出两个有关学习的更新规则（updating rules），第一个更新规则是对"经验权重"的修正：

$$N(t) = \rho \cdot N(t-1) + 1 \quad t \geq 1 \qquad (4.13)$$

其中，参数 ρ 表示经验权重的贴现率，即行为人所记住的上一期自己的经验权重的程度。式（4.14）表示相邻两轮博弈经验权重之间的更新，具体含义是：行为人 t 期的经验权重等于行为人所记住的 $t-1$ 期的经验权重再加上1。这里的1表示对 t 期所观测到的经验赋予的权重为1。

第二个更新规则是对吸引水平（level of attraction）的修正，该规则假定在每个时期行为人不仅对被选择策略所得实际支付进行强度修正，而且对未被选策略假想的（hypothetical）支付也进行强度修正（传统的强化模型认为强化强度仅来自行为人过去被选策略的支付），具体更新规则如下：

$$A_i^j(t) = \frac{\phi \cdot N(t-1) \cdot A_i^j(t-1) + [\delta + (1-\delta) \cdot I(s_i^j, s_i(t))] \cdot \pi_i(s_i^j, s_{-i}(t))}{N(t)}$$

$$(4.14)$$

其中，参数 ϕ 表示吸引的贴现率，即上一期策略吸引被记住的概率。参数 δ 表示没有被选中的策略的支付权重，如果 $\delta > 0$，那么，经验的收集将扩大至没有选中的行动中，这意味着个体可以通过观察没有被选中的恰当行动的事件而进行学习。相应地，$1-\delta$ 表示选择策略 $s_i(t)$ 所获得的实际支付的权重[①]。模型参数 ρ 和 ϕ 决定了吸引的极限值，如果 $\phi > \rho$，则吸引就不再局限于支付，而可以任意增加。

在 $\pi_i(s_i^j, s_{-i}(t))$ 中，$s_i(t)$ 表示行为人 i 在阶段 t 实际选择的策略；$s_{-i}(t)$ 表示除 i 以外的行为人在阶段 t 实际选择的策略空间，$\pi_i(s_i^j, s_{-i}(t))$ 就表示在阶段 t，其他行为人选择策略集合 $s_{-i}(t)$ 时，行为人 i 选择策略 s_i^j 的实际支付；$I(s_i^j, s_i(t))$ 是一个指示函数：

$$I(s_i^j, s_i(t)) = \begin{cases} 1 & \text{当 } s_i^j = s_i(t) \\ 0 & \text{当 } s_i^j \neq s_i(t) \end{cases} \qquad (4.15)$$

---

① 卡梅瑞等研究者利用实验得到的数据，采用极大似然估计法得到这些参数的拟合值：$\delta \approx 0.5$，$\phi \in (0.8, 1)$，$\rho \in (0, \phi)$。

其具体含义是：当 $s_i^j = s_i(t)$，即行为人 i 在阶段 t 选择策略 s_i^j 时，$I(s_i^j, s_i(t)) = 1$；当 $s_i^j \neq s_i(t)$，即行为人 i 在阶段 t 没有选择策略 s_i^j 时，$I(s_i^j, s_i(t)) = 0$。

EWA 模型整体上可以理解为一个强化学习的框架，即 t 期对策略 s_i^j 的吸引等于 $t-1$ 期对策略 s_i^j 的吸引与 t 期的期望支付之和通过经验权重进行标准化后的结果，其中 t 期的期望支付包括了选中的策略和没有选中的策略，具体可以表示为：

$$
\begin{aligned}
&[\delta + (1-\delta) \cdot I(s_i^j, s_i(t))] \cdot \pi_i(s_i^j, s_{-i}(t)) \\
&= \begin{cases} \delta \pi_i(s_i^j, s_{-i}(t)) \text{ 行为人 } i \text{ 在 } t \text{ 期不选择策略 } s_i^j \\ \pi_i(s_i^j, s_{-i}(t)) \text{ 行为人 } i \text{ 在 } t \text{ 期选择策略 } s_i^j \end{cases}
\end{aligned} \tag{4.16}
$$

并且，在 $\phi \cdot N(t-1) \cdot A_i^j(t-1)$ 中可以将 $N(t-1)$ 看做是权重，而将 $A_i^j(t-1)$ 看做是权重值；在 $[\delta + (1-\delta) \cdot I(s_i^j, s_i(t))] \cdot \pi_i(s_i^j, s_{-i}(t))$ 中，可以将 $[\delta + (1-\delta) \cdot I(s_i^j, s_i(t))]$ 视为权重，而将 $\pi_i(s_i^j, s_{-i}(t))$ 视为权重值。

4.2.3.2 EWA 模型的一般性讨论

与强化学习模型仅考虑选中的策略相比，EWA 模型不仅考虑被选中的策略，还考虑没有选中的策略；与信念学习模型通过观测其他行为人的行动预期所有可能行动的支付相比，EWA 模型中观测的是行为人自己的行动。而之所以称 EWA 模型更具有一般性，可以从模型中参数和变量的不同取值所展现的情况进行解释。

1. 当 $N(0) = 1$，$\rho = \delta = 0$ 时

当 $N(0) = 1$，$\rho = \delta = 0$ 时，EWA 模型就等同于强化学习模型，可简化为最初的 Roth – Erev 强化学习模型。$N(t) = N(0) = 1$ 就意味着行为人对于每一轮次的博弈都赋予了相等的，并且取值为 1 的权重。t 时期后行为人 i 对策略 s_i^j 的吸引就可以表示为：

$$
A_i^j(t) = \phi \cdot A_i^j(t-1) + I(s_i^j, s_i(t)) \cdot \pi_i(s_i^j, s_{-i}(t)) \tag{4.17}
$$

即行为人当期对策略 s_i^j 的吸引等于上一期所记住的自己对策略 s_i^j 的吸引与当期自己实际获得的支付之和，这与 Roth – Erev 强化学习模型式

（4.17）表达的意义完全一致。

2. 当 $\delta = 1$, $\rho = \phi$ 并且 $\phi = 1$ 时

当 $\delta = 1$, $\rho = \phi$ 并且 $\phi = 1$ 时，EWA 模型就等同于信念学习模型，可以简化为虚拟博弈学习模型。根据信念学习模型的基本逻辑，行为人在给定信念的情况下，选择具有最高预期支付的策略。由于行为人记住了以前所有各期的支付，并且赋予了其相等的权重，所以行为人对其对手所要采取的策略的信念为其过去采取的策略的算术平均，而 t 时期后行为人 i 对策略 s_i^j 的吸引就可以表示为：

$$A_i^j(t) = \frac{N(t-1) \cdot A_i^j(t-1) + \pi_i(s_i^j, s_{-i}(t))}{N(t-1) + 1} \qquad (4.18)$$

并且，每一个策略 s_i^j 采取的概率是由吸引而决定的，采用指数函数的形式，则可以将负的吸引表示为：

$$p_i^j(t) = \frac{e^{\eta \cdot A_i^j(t-1)}}{\sum_{k=1}^{m_i} e^{\eta \cdot A_i^k(t-1)}} \qquad (4.19)$$

其中，参数 η 表示行为人对于不同吸引的敏感，当行为人对所有的吸引具有相同的敏感性时，$\eta = 0$；随着行为人对不同的吸引之间的敏感性差异增加时，η 的值逐渐增加。m_i 表示行为人 i 可能采取的策略的数量。

4.2.4 小结

在强化学习模型中，当一个策略被选择且得到了一个好的结果时，该策略被强化。在信念学习模型中，行为人基于其他个体过去行为的加权平均值，形成信念，并在他们的给定信念下做出最佳反应。实际上，一般强化学习模型中未被选择的策略会被先前原本将产生的支付所强化，这一数学事实意味着，基于上述两类典型的学习模型存在一个更一般化的学习模型，即 EWA 模型。EWA 模型是现有最具解释力的重复博弈学习模型之一，兼具强化学习模型和信念学习模型的基本特征。行为人通过观测自身的行动，并同时考虑前期被选中和没有选中的策略的支付情况，从而确定 t 时期后行为人 i 对特定策略 s_i^j 的吸引（即支付），为将何种策略选择作为自身的最优反应提供依据。

按照 EWA 学习模型的分析逻辑，在重复发生的同类策略行为中，处于特定轮次的决策者为了获取博弈占优将会对可选择的每个策略都会进行效用评估，而前期博弈经验形成的学习效用是策略效用评估的重要影响因素之一。学习效应对策略效用评估的影响表现为：决策者按照某种经验权重对以往类似决策中实施或者未实施策略的效用加以不同强度的修正，从而为特定策略的效用评估提供参照点。由于决策者最终的行为选择是通过比较修正后不同的策略效用做出的，所以决策者是否能够作出占优的策略选择很大程度上就取决于策略效用修正的准确程度，而不同策略效用修正的准确程度又是由学习模型中反映学习效应的若干参数决定的[①]。可以说，决策者在重复策略决策中的学习效应是其各自主观最优反应选择的重要影响因素之一。因此，与决策者的思维推理能力约束相似，学习效应也是反映行为人主观最优反应与实质占优策略差异程度的参数 λ 的重要影响因素，EWA 学习模型中的若干参数都与 λ 具有密切的相关性。

4.3
个 性 化 的 效 用 评 估 倾 向

表现思维推理能力约束对策略行为决策机制影响的认知层级理论探讨的是一次性决策的问题，表现学习效应对策略行为决策机制影响的学习理论探讨的是重复决策的问题。尽管上述两方面的讨论存在诸多差异，但是仍然存在一个共同点，即二者都是在传统的效用函数的框架内进行策略效用评估的。但是，越来越多的研究者开始质疑传统"狭义数量"效用函数的适用性，大量的博弈实验也证明在互动决策中行为人的实际策略效用评估与数理化效用函数提供的数据并不一致，每个策略行为决策者似乎都具有个性化的效用评估倾向。因此，在策略行为决策机制的研究中，准确认识和解读行为人效用评估的实际状况也是一个重要的课题。

---

① 例如，EWA 模型中的参数 ρ 和 ϕ 就直接反映了行为人在学习过程准确记忆的能力。

4.3.1 效用与广义效用

4.3.1.1 效用

本书在经济理性的解释中首次使用"效用"一词，而所谓经济理性就是以最大化效用为目标的一种行为方式假定。那么，效用又是什么呢？经济学的标准回答是：能够给人带来"满足"的心理感受。明显可以看出，作为经济学基本概念的效用来源于心理学的研究范畴。但是，在经济学借用这一概念作为其理性假设的重要注解后，却将其与心理学研究割裂开来，而将这样一个具有浓厚主观判断色彩的概念在绝大多数时候等同于某种可以精确计算和比较的经济利益。事实上，博弈模型支付矩阵中的不同数字就是典型的经济理性下的主流效用定义的直观表现。

经济学研究中的效用理论自19世纪50~70年代奥地利学派的"边际革命"到20世纪30年代萨缪尔森提出"显示偏好理论"①，大致经历了一个从"广义"到"狭义"、从"经验"到"数理"的发展过程。具体而言，主流效用理论在狭义效用范式下把人的偏好抽象成单一的经济偏好，把人的追求抽象成单一的物质追求，把一个有七情六欲的社会人抽象成一个冰冷的、只善于功利计算的经济动物。但是，这就使得效用偏离了其原本的含义，也引发了经济理性假设下的理论研究在对实践的解释力和指导力方面的异象。

4.3.1.2 广义效用

许多研究者针对经济理性框架中的主观效用概念提出了不同的看法，从20世纪70年代开始，效用理论的研究悄然出现了一股逆主流而动的趋势，表现出一种从"狭义"向"广义"、从"数理"向"经验"回归的倾向。

---

① 只有在消费者的效用函数或偏好序列存在并已知，且具有若干良好性质时，"边际"分析才是有意义的。但在实际生活中，效用或偏好是不能直接被观察到的，能够直接观察的只是消费者的选择行为。如果能够找到消费者的选择行为与偏好之间的某种关系，进而言之，如果消费者的"选择"显示"偏好"，那么，需求理论和偏好理论就可以建立在可观察的消费者行为的基础上，这就为检验消费者行为与最大化公理的一致性提供了可能。这就是"显示偏好理论"的基本思想。

例如，贝克尔（1976）打破了仅描述商品与劳务消费的狭义效用范式，通过"扩展的效用函数"把经济学的方法应用于整个人类行为的分析，明显表现出一种向广义效用范式回归的倾向。罗博森（Robson，1996）等经济学家则质疑"显示偏好理论"将偏好与效用演绎成纯粹的数学公理，从而使其完全失去了经验基础的研究；转而从生物学、生理学、心理学和演进博弈论的层面来考察偏好与效用，明显表现出一种向经验主义回归的倾向。

在这股从"狭义"向"广义"、从"数理"向"经验"回归的思潮中，我国学者叶航（2002）提出，为了重新构建效用理论的经验基础，根据现代生理学和心理学的研究，把偏好定义为"在一定外部条件下，能够重复出现并引发某种特定行为倾向的生理或心理上的不平衡状态"，而把效用定义为"随着偏好的满足，行为主体在生理或心理上由不平衡向平衡转化时所产生的一系列表征与感受"，即所谓的"广义效用"（generalized utility）。正如实证经验所显示的：如果"偏好"得不到满足，人体内部的平衡系统便会受到破坏，由此造成一系列生理或心理压力，当压力超过一个阈值，人就会产生行为的动机，进而通过一定的行为来实现自己的偏好，以舒缓身心的紧张状态。因此，"偏好"与"效用"可以看做一种行为主体控制自身行为的生理和心理上的负的反馈机制。在此基础上，可以把广义效用范式定义为"行为主体在任一行为过程中所获得的满足"，从而进一步把人类所有的目的性行为都看做一个在资源约束条件下通过偏好选择实现效用最大化的过程。并且，据此构建的广义效用函数既可以包括人类的经济偏好，也可以包括人类的道德偏好、情感偏好、审美偏好，甚至宗教偏好和信仰偏好。在广义效用最大化过程中，人类行为将依据一定的偏好序列和偏好结构呈现出形态各异的价值取向，人类行为的整体模式具有内在的统一性和互动性；而传统的狭义效用范式及其建立在这一范式基础上的全部分析范例和结论则将成为该体系的一个特例。

奚恺元（2002）在论述经济学的未来发展方向时指出，新经济学将在以下三个方面区别于传统经济学：首先，在对人的行为的假设方面，传统经济学认为人是理性的，而新经济学认为人是有限理性的；其次，在理论模式上，传统经济学是规范性的，而新经济学是描述性的；最后，从研究目的来讲，传统经济学主要研究如何增加人们的财富，而新经济学的研究方向是研究如何从根本上增加人的幸福，这里的幸福就类似于广义效用的概念。

从效用到广义效用的效用理论的发展一方面为行为人现实的策略效用评估与传统效用函数的差异提供了合理的解释，另一方面也说明了策略行为决策研究中沿用传统效用函数存在的局限性。虽然目前在策略行为决策研究中尚没有成熟的可替代传统效用函数的效用表示范式，但是探讨策略行为决策者广义效用概念下个性化的效用评估倾向对提高策略行为决策理论的现实指导意义仍然十分必要。一般而言，对行为人个性化效用评估倾向的研究大致可以划分为两类，即价值函数研究和社会偏好研究。

4.3.2 价值函数研究

风险条件下传统决策分析的基本工具是预期效用理论（expected utility theory）。如卡尼曼（Daniel Kahneman）等学者所言，预期效用理论的构造依赖于偏好的完备性公理和偏好的传递性公理两个理性假设。并且，该理论还有两个重要的隐含假定：其一，假定程序不变，即不同期望的偏好独立于判断和评价偏好的方法和程序；其二，假定描述不变，即不同期望的偏好纯粹是相应期望后果的概率分布的函数，不依赖对这些给定分布的描述。但是，实验研究普遍表明，预期效用理论的两个隐含假定是不成立。

4.3.2.1 相关实验

1. 程序变化与偏好逆转

程序变化与偏好逆转最著名的研究是于 1952 年提出的"阿莱悖论"（allais paradox）。所谓"阿莱悖论"是指，假设有 A 和 B 两个可供选择的方案，其中方案 A 是以 100% 的机会得到 100 万元，方案 B 是以 10% 的机会得到 500 万元、89% 的机会得到 100 万元、1% 的机会一无所得；此外，再提出 C 和 D 两个方案供人们选择，其中方案 C 有 11% 的机会得到 100 万元、89% 的机会一无所得，方案 D 则有 10% 的机会得到 500 万元，90% 的机会一无所得。根据期望效用理论，具有相同偏好曲线的选择主体必然要么选择

A 和 C，要么选择 B 和 D。然而，许多实际实验表明，绝大多数人在第一种情况下选择方案 A，在第二种情况下选择方案 D。实验的结果说明，偏好的传递实际上依赖选择程序，如果选择程序变化，就可能出现偏好逆转。

2. 描述变化与偏好逆转

卡尼曼等人曾经进行过一个著名实验：告诉一个实验群体，让他们设想美国准备帮助亚洲应对一种不寻常的疾病，该病可能导致 600 人死亡，而援助工作有两种备选方案。实验群体被分成两组，每组进行相应的选择。

实验群体 1 选择："若方案 A 被采纳，能拯救 200 人；若方案 B 被采纳，有 1/3 的可能性拯救 600 人；2/3 的可能性一个也救不了"。

实验群体 2 选择："若方案 C 被采纳，400 人将死亡；若方案 D 被采纳，有 1/3 的可能性把人全部救活；2/3 的可能性 600 人全部死亡"。

对两个实验群体来说，方案 A 和 C 等价，方案 B 和 D 等价。如果新古典经济学关于偏好完备的公理是正确的，那么两组人的选择结果应该类似。但实验结果表明，在实验群体 1 中，72% 的人更偏好方案 A；而在实验群体 2 中，68% 的人更偏好方案 D。并无证据表明两个群体的人有明显影响其选择的差异特征，剩下的只有一种解释，即对选择的不同描述确实影响到人们的选择，这就是所谓的"框架效应"（framing effect），也就是说选择依赖所给的方案的描述本身。

4.3.2.2 价值函数

以一系列反驳预期效用理论的实验研究为基础，卡尼曼和特维斯基（Kahneman & Tversky，1979）提出了著名的"期望理论"（prospect theory），试图以此取代新古典经济学的预期效用理论①。并且，为了和预期效用函数相区别，卡尼曼等人把其创立的效用函数称为"价值函数"。

根据卡尼曼和特维斯基的观点，任何选择和决策都依赖于一定的程序，现实的行为人常常采用的决策程序就是所谓"启发式"（heuristics）程序。

———————————

① 英语中"expect"和"prospect"都有期望的意思，前者侧重期待、预期、盼望等含义，后者侧重前景、期望等含义，在语境和语义上均有差别。卡尼曼等人使用后者就是特意强调这种差别，即人们可以针对某个期望进行预期，但两种可能偏差。

这种程序不需要行为人完全理性，也不需要行为人完全计算后决策，而仅仅需要行为人依照经验规则，并存在一个决策的学习过程，比如典型的"拇指规则"（rule of thumb）就被经常运用①。在启发式决策下，行为人的决策后果不仅依赖其计算能力和经验，而且依赖决策情景描述和个人的心理状态。不确定下的决策就是行为人针对不同的期望进行选择，在期望理论中，选择通过两个过程被模型化：第一，行为人运用不同的决策启发程序对期望进行"编辑"；第二，通过一个偏好函数（即价值函数）对被编辑的期望进行选择。编辑过程有两个含义：一是通过启发式程序对期望所包含的信息进行过滤，提炼出自己认为有用的信息；二是有意识地忽略一些信息②。经过编辑，行为人对精炼的期望进行估价，这种估价就是通过一个价值函数来完成。

卡尼曼等研究者所假设的价值函数有如下特点：

第一，经济主体的决策是基于对财富的流量而非存量的大小的评价而做出的，同时经济主体所感知的价值不仅取决于财富流量的大小而且与当前的财富水平相关，即所谓的"参照点"（reference dependence）相关理论。也就是说，行为人对损益的评价依赖参考点的选择，参考点可视为现有财富水平，行为人仅仅在乎相对于参考点的损益水平，而不在意损益的绝对水平。

第二，价值曲线对于"所得"是凹性的，而对于"所失"则是凸性的。这意味着经济主体在面临可得之物时是风险厌恶型的，而在面临所失之物时则是风险偏爱型的，即所谓的"敏感性递减"（diminishing sensitivity）理论。

第三，经济主体对损失的感觉比对收益的感觉更强烈，表现为价值曲线的左下支比右上支更陡峭，即所谓的"损失厌恶"（loss aversion）理论。这说明损失给行为人带来的心理变化比收益要大，即在 100 元收益和 100 元损失之间，行为人更在乎后者。

基于价值函数的基本特征可知，行为人进行主观效用评估时受到参照点

①　"拇指规则"是指经济决策者不会按照理性预期的方式把所有获得的信息都引入到决策模型中，他们往往遵循一些基于过去经验和个人感受的行为法则。这些法则经常是有效的，但并不保证绝对有效。

②　希拉（Thaler，1999）把编辑过程看做"心理账户"，即行为人通过该账户把复杂的计算通过心智捷径简化为一系列直观的行动，比如针对活期存款账户，行为人无须计算，经过心理账户就可把它转换为当前消费，即在心理账户中，活期存款账户等价于当期消费，消费者由此节约了理性。

效应，敏感性递减效应和损失厌恶效应的影响，而传统的效用函数并没有涉及这些现实存在的影响因素。因此，包括策略行为决策在内的决策研究应当在考虑期望理论和价值函数的基础上进行进一步的拓展研究，例如引入累积权重函数分别与收益和损失对应、考虑参考点的转换等，从而提高决策理论研究的预见力。

4.3.3　社会偏好研究

现实的行为人处于特定的社会文化环境之中，并且有限的认知能力决定了绝大多数行为人都会遵循处于特定社会系统和文化传统的框架规范，而这种社会文化特征影响了行为人各自的效用评估过程。也就是说，行为人的策略效用评估除了受到价值函数提出的参照点效应、敏感性递减效应和损失厌恶效应的影响，还具有深刻的社会偏好烙印。

4.3.3.1　效用评估社会偏好的实验研究

效用评估社会偏好研究起源于一系列的博弈实验，主要包括最后通牒博弈（ultimatum game）实验、独裁博弈（dictator game）实验、信任博弈（trust game）实验和公共品博弈（public Good games）实验。

1. 最后通牒博弈实验

最后通牒博弈实验最早是德国洪堡大学谷斯（Güth，1982）教授提出，其内容非常简单：让两个素不相识的实验对象分1000元钱，随机决定由其中一个人分配，如果另一个人接受，就按照第一个人的方案分配；如果另一个人拒绝，则两个人的所得均为0。为了把实验严格限制在"纳什均衡"的状态下，必须杜绝被实验者的"串谋"。另外，还必须反复向被实验者说明，这样的实验"仅此一次"，不存在双方的"讨价还价"。这也是这个实验为什么被称作"最后通牒"的原因。

在这个博弈中，如果双方的交易成功就会有一定的利益（已经剔除行为人双方的成本），可以用某一金额来衡量，其中一位行为人（行为人1）出价（即在双方之间分配这一利益），要求对方（行为人2）选择接受或者拒绝。如果行为人 2 接受，那么双方就按照行为人 1 提出的分配比例瓜分利润，如果行为人 1 拒绝，那么双方之间不会有交易行为，双方都不会获得任何支付。按照标准博弈论所说，大于保留支付的支付才是个人的理性支付，因为行为人都是理性自利的，有支付总是比没有支付好，因此，只要行为人 1 对行为人 2 的分配额大于 0，理性的行为人 2 都会接受，所以，这个博弈具有无穷多个纳什均衡。如果行为人 1 预料到这一结果，那么他（她）的"最优"方案就应该是"自己拿 999 元，给对方 1 元"。这是一个标准的纳什均衡，而事实上，这样的博弈结果是极不公平的。

但是反复的实验表明，上述这种不公平的"理性"行为从来就没有在现实中发生过。提议者的平均出价大致是 400 或 500，并且相差不会很多。50% 的回应者都拒绝了 200 以下的出价，回应者认为过分低于一半的出价太不公平，因此以拒绝的方式惩罚对方，结果双方的支付都为 0。在圣路易斯华盛顿大学的实验表明，日本学生在作为第一个人提出方案时几乎总是只拿 500 元，留下一半给另一个人；而中国学生和犹太裔学生则一般是自己拿 700 元，剩下 300 元给另一个人。

为了使这一实验具有更广泛的代表性，美国桑塔菲研究所 15 位人类学、经济学、文化学、社会学等领域的跨学科学者历时 10 年，在全球找了 15 个不同文化背景的小型社会，包括原始土著、半开化的渔村、城市边的乡村、前计划体制瓦解后的城市等，指导了多次"最后通牒"实验，其结果大致相同，仍然不支持纳什均衡。其中一个典型的例子是，提出分配方案的是法国人，另一个行为人是印度人，分配 1000 美元。实验结果，分配给第二个人的钱如果低于 40%，一般都被拒绝，这是在 300 美元是普通印度人大约一年收入的现实情况下的实验结果。

对这种博弈现象公认的解释是：一些行为人将 50% 视为公平交易点并且有要求被公平对待的偏好。这种拒绝是一种"报复性回报"，即回应者宁愿牺牲自身的利益去惩罚那些未公平对待他们的提议者。那么，这种要求公平的偏好又是从何而来呢？目前主要有两种看法得到经济学家的认同。一种观点认为，人类的进化过程使人脑、认知和情感反应机制作出这样的适应性调整：当被欺侮时，上述反应机制会使人愤怒，因为愤怒在进化过程中是作为一种生存优势保留下来的（Frank，1988）。另一种观点则认为，是不同的文化观使人具有不同的公平标准，这种文化标准观来自 11 位人类学家的研究，他们在 5 个原始群体中进行了上述实验，结果发现在那样的原始文化背景下，行为人并不在意分配比例是否公平，即使提议者只支付很少的金额对应者也愿意接受。标准博弈论只在这样最简单的社会里才准确地预测了人类行为。

需要说明的是，最后通牒博弈中的拒绝并不意味着行为人没有意识到标准博弈论中的最优策略，他们明白使自己经济利益最大化的策略是什么，只是因为情感或社会的因素使他们不再是传统经济学意义上最大化经济利益的理性人，在某些情况下，他们宁愿牺牲自己的经济利益以达到其他方面的满意（如被尊重、被公平地对待、获得好名声等等）。

一个有意思的实验现象是，霍夫曼（Hoffman，1994）等研究者进行的实验把最后通牒博弈描述成双方的买卖过程，卖主先在自己的成本函数与买主的保留价格之间开价，买主接受则成交，不接受则双方都没有获利。这时卖主的平均让利会下降到不足 35%，而买方的平均拒绝率则大致不变。莱瑞克和布朗特（Larrick & Blount，1997）则把这一博弈描述成"提议者"与"回应者"先后对某一固定的公共利益提出自己所主张的份额，如果二者总和小于等于这一公共利益则双方均获得各自的份额，反之则双方都得不到任何利益。这时"提议者"的平均让利反而接近 45%，而"回应者"则更倾向于接受不公平的对待。由上可见，与价值函数的研究结论相似，博弈结构的描述对参与博弈的行为人的策略效用评估会产生显著影响。

2. 独裁博弈实验

独裁博弈与最后通牒博弈非常相似，二者的不同在于行为人 2（回应者）没有否决价值分配方案的权利。也就是说，行为人 1（提议者）提出 1000 元分配方案，行为人 2 选择是否接受。如果行为人 2 接受方案，那么二人按照该方案进行价值分配；如果行为人 2 拒绝方案，那么所有的 1000 元由行为人 1 独占，行为人 2 的收益为 0。

在这样一个博弈形式中具有无穷多个纳什均衡。如果行为人 1 预料到这一结果，那么他（她）的"最优"方案就应该是"自己拿 999 元，给对方

1 元"。但是，实验结果证明，在"回应者"只能接受建议而不能拒绝，这时作为独裁者的"提议者"仍然会让利 10%～20%。

3. 信任博弈实验

信任博弈实质上是独裁博弈的一种变形。该博弈形式中，行为人 1 得到一笔钱并被告知可以完全保留也可以将其中的任意比例"投资"于行为人 2，他给出的任何金额都会以大于 1 的某一倍数付给行为人 2，然后由行为人 2 决定是否回报和回报多少给行为人 1。

按照标准博弈论的观点，理性的行为人 2 应该最大化他自身的利益，那么，他的最优策略就是保有获得的所有支付，不会返还给行为人 1，而理性的行为人 1 当然会估计到行为人 2 的策略，因此不会投资于行为人 2，这就是标准博弈论得出的均衡。

伊亚克（Zak，2003）等研究者进行了信任博弈实验研究[①]，其实验设计为：将招募来的行为人安置在计算机实验室中，每人有 10 美元的出场费，两人一组通过各自面前的计算机联系。实验参与者相互不认识而且实验结束也不会知道对方是谁。每组中的一位（行为人 1）可以完全保留手中的 10 美元也可以将其中的任何部分支付给对手（行为人 2）。无论行为人 1 付出多少，行为人 2 都会收到 3 倍的金额，例如，行为人 1 付给对方 4 美元，行为人 2 总共会得到 22 美元（$4 \times 3 + 10 = 22$）的支付，然后由行为人 2 决定是否付给行为人 1 和付出多少，只要行为人 2 愿意支付行为人 1 也同样会收到 3 倍的金额。

按照标准博弈论得出的均衡，在这样的单次博弈中，行为人 1 和行为人 2 各自都只能获得 10 美元。数百次的实验结论说明，50% 的行为人 1 会向对方进行支付，而 75% 收到对方支付的行为人 2 也会回报以同样的行动。而且，行为人 2 从行为人 1 处获得的支付越多，随后向行为人 1 回报的也越多。

根据伊亚克的观点，行为人不仅是自利的，同时也具有高度社会化的特

[①] 需要说明的是，伊亚克是一位神经经济学家，他通过大量研究发现社会、制度、经济和生活环境都会影响人与人之间的信任，因此怀疑信任的产生是否还有一个生物基础，所以设计了这个信任博弈实验来研究促使人类相互信任的神经反应机制。

征，其社会化的过程使得大脑已经形成了一种自动的社会化反应机制。行为人在意别人的看法，考虑别人的反应，即使是对陌生人也一样。虽然这种情感发生作用时行为人甚至没有主观意识，但它还是在决策制定中发挥着重要的作用，即行为人的大脑作为一个内在的指南针引导其做出"对"的选择。

4. 公共品博弈实验

公共品博弈实验也许是除了最后通牒博弈之外影响最大的博弈实验，道和希拉（Dawes and Thaler，1988）对公共品博弈实验研究进行了全面回顾。在典型的实验环境中，几个人为一组，组中有一个公共池（public pool）。每个人收到一笔收益 x，他可以选择从 0 到 x 的一个数值 g 投入公共池。之后，公共池会对组中每个成员产出报酬 m，最后每个人的收益由手中剩余的 $x-g$ 和公共池的回报共同决定。如果将这个实验设计为单期，研究表明约有 75% 的人对公共池毫无贡献，其他人也仅贡献一点。显然，不向公共池中捐献是纳什均衡的选择，但并不是帕累托最优的选择。所以，多数研究公共品博弈的实验都设计成多期（如 10 期），这样可以观察参与人的学习过程。实验中，菲尔等学者观察到多数人最初都选择将一半左右的收入捐献入公共池，以后各期随着他的实际收益而改变策略。事实上，公共池是逐渐枯竭的，但最终不会枯竭到 0。逆向归纳法在这个重复博弈实验中完全不成立。菲尔还研究了具有惩罚条件的公共品博弈（惩罚本身的成本函数是非线性递增的）。他发现，一旦引入惩罚条件，对公共池的捐献水平大大提高。因为参与者偏离平均水平越远，他就越有可能遭受惩罚。

4.3.3.2 效用评估社会偏好的理论研究

在一系列结果都与标准博弈论的预测迥然相异的博弈实验结论的引导下[1]，研究者开始努力将公平、利他、信任等社会偏好纳入决策模型中。在这些尝试中，大致形成了两个派别：一种是"不平等厌恶"（inequity aversion）理论（Fehr & Schmidt，1999；Bolton & Ockenfels，2000）。这一理论

---

① 并且，这种实验结果与标准博弈论预测的差异的原因也不是行为人思维推理能力和学习能力的约束，而往往是在明确了解如何获取博弈占优情况下由于社会偏好（如对公平的要求）而进行的其他选择。

主张，行为人的社会偏好直接产生于对自身利益和他人利益之间差异的厌恶心理，是追求平等的愿望的表现。因此在博弈中，行为人会在追求自身利益最大化和追求平等之间做出权衡。该理论所提出的模型特点就是在个人效用函数的基础上附加一项表征差异厌恶程度的量，从而构成社会效用函数。另一种则是"互惠"（reciprocity）理论（Rabin，1993；Falk & Fischbacher，1999；Dufwenberg & Kirchsteiger，2004）。这一理论认为行为人的社会偏好是源于一种"以德报德、以怨报怨"的心态，即行为人对对方友善还是敌对，要视对方对自己到底是友善还是敌对。显然，第一种理论是结果导向的，而第二种理论则更注重目的（意图），因此后者更具有心理学的基础。但是在行为人的行动顺序没有先后之分的博弈过程中，不存在其中一方的行动所表现出来的友善水平会影响另一方的策略选择的现象，因此在目的不起作用的情况下，结果导向的"不平等厌恶"理论则更具有可行性。实际上，前面中公共品博弈实验的结论就是"不平等厌恶"理论研究的重要实证依据。

在"不平等厌恶"理论的研究中，菲尔和斯密特（1999）提出的理论模型最简洁和具有可操作性，并且该模型对正向的不平等和负向的不平等有不同的处理，符合卡尼曼等研究者提出的"损失厌恶"理论。F－F 模型可以简单做如下表述：

$$U_i(s_i) = f_i(s_i) - \alpha_i \frac{1}{n-1} \sum_{i \neq j} \max\{[f_j(s_j) - f_i(s_i)], 0\}$$

$$- \beta_i \frac{1}{n-1} \sum_{i \neq j} \max\{[f_j(s_j) - f_i(s_i)], 0\} \qquad (4.20)$$

其中，s_i，$f_i(s_i)$，$U_i(s_i)$ 分别表示行为人 i 的预期效用理论下的货币支付，期望效用理论下的个人效用支付，以及社会效用支付。参数 α_i 表示对负向不平等的厌恶程度，参数 β_i 表示对正向不平等的厌恶程度，$0 \leq \beta_i \leq \alpha_i < 1$，表示行为人对负向不平等的厌恶程度大于对正向不平等的厌恶程度，并且对平等的追求不会超过对个人效用支付的追求。

在双方博弈的情况下，F－F 模型还可以简化为：

$$U_1(s_1) = f_1(s_1) - \alpha_1 \max\{[f_2(s_2) - f_1(s_1)], 0\} - \beta_1 \max\{[f_1(s_1) - f_2(s_2)], 0\}$$

$$(4.21)$$

$$U_2(s_2) = f_2(s_2) - \alpha_2 \max\{[f_1(s_1) - f_2(s_2)],\ 0\} - \beta_2 \max\{[f_2(s_2) - f_1(s_1)],\ 0\}$$

$$(4.22)$$

4.3.4　小结

作为传统决策研究的基础，预期效用理论受到许多研究者的质疑，而效用理论研究从"狭义"向"广义"、从"数理"向"经验"的回归也要求对现实的策略行为决策研究中采用的效用函数进行重新思考。对行为人个性化效用评估倾向的现有研究可以大致划分为两类，即价值函数研究和社会偏好研究。基于价值函数的基本特征可知，行为人进行主观效用评估时受到参照点效应，敏感性递减效应和损失厌恶效应的影响，因此策略行为决策研究应当在考虑期望理论和价值函数的基础上进行进一步的拓展，从而提高理论模型的预见力。基于社会偏好的相关研究可知，影响行为人策略效用评估的社会偏好主要有两种来源，即"不平等厌恶"和"互惠"。前者是指行为人追求平等的愿望，表现为对自身利益和他人利益之间差异的厌恶心理；后者是指行为人"以德报德、以怨报怨"对等心态。如果交互决策不存在时序差异，那么对行为人的"不平等厌恶"社会偏好将是影响策略效用评估的主要因素。根据 F - F 模型，通过对行为人正向和负向不平等厌恶程度进行不同的参数赋值，就可以得出行为人在特定社会偏好影响下的个性化策略效用评估。可以说，价值函数研究提供的参照点效应参数，敏感性递减效应参数和损失厌恶效应参数，以及社会偏好研究提供的不平等程度厌恶参数都与反映行为人主观最优反应与实质占优策略差异程度的参数 λ 具有密切联系。

4.4

本 章 小 结

在有限理性替代经济理性成为研究理性假设的条件下，交互决策研究的均衡标准由纳什均衡转变为可数性反应均衡（QRE）。作为 QRE 的一种应用形式，参数化可数性反应均衡（Logit QRE）仅采用唯一参数 λ 就可以准确确定可数性反应均衡与纳什均衡的相对位置。研究有限理性条件下的策略行为决策机制就是研究 QRE 的形成与变动过程，而由于参数 λ 是决定 QRE 的具体位置和动态轨迹的基本因素，因此确定有限理性条件下的策略行为决策机制影响因素的研究工作可以具体化为确定 Logit QRE 中参数 λ 的影响因素。

选美竞猜博弈实验显示了思维推理能力约束与策略行为决策机制相关性，而认知层级理论说明了策略行为决策者基于各自不同思维推理能力的约束而作出主观最优反应的过程。策略行为的决策者基于自身的心理资源而确定自身进行反复推断的次数，同时假设其他竞争者的反复推断次数都少于自己。并且，在假设所有决策者进行反复思维次数的频率服从泊松分布的情况下，特定决策者可以推断其他竞争者的思维推断情况，并估测出自身策略选择的效用，继而根据效用的估测作出主观最优反应。

多轮次选美竞猜博弈实验结果的对比说明博弈行为人在重复博弈中具有学习的能力，而博弈策略的选择也明显受到学习效应的影响。在强化学习模型中，当一个策略被选择且得到了一个好的结果时，该策略被强化。在信念学习模型中，行为人基于其他个体过去行为的加权平均值，形成信念，并在给定信念下做出最佳反应。综合上述两类典型的学习模型存在一个更一般化的学习模型，即 EWA 模型。EWA 模型兼具强化学习模型和信念学习模型的基本特征，行为人通过观测自身的行动，并同时考虑前期被选中和没有选中的策略的支付情况，从而确定特定时点对特定策略的吸引（即支付），为将何种策略选择作为自身的最优反应提供依据。按照 EWA 学习模型的分析逻辑，学习效应对策略效用评估的影响表现为：决策者按照某种经验权重对以往类似决策中实施或者未实施策略的效用加以不同强度的修正，从而为特定策略的效用评估提供参照点。由于决策者最终的行为选择是通过比较修正后的不同策略效用做出的，所以决策者是否能够作出占优的策略选择很大程度上就取决于策略效用修正的准确程度，而这又是由学习模型中反映学习效应的若干参数决定的。可以说，决策者在重复策略决策中的学习效应是其各自主观最优反应选择的重要影响因素之一。

表现思维推理能力约束对策略行为决策机制影响的认知层级理论探讨的是一次性决策的问题，表现学习效应对策略行为决策机制影响的学习理论探讨的是重复决策的问题。尽管上述两方面的讨论存在诸多差异，但是仍然存在一个共同点，即二者都是在传统的效用函数的框架内进行策略效用评估的。但是，作为传统决策研究的基础，预期效用理论受到许多研究者的质疑。根据现有的研究，对行为人个性化效用评估倾向的研究可以大致划分为两类，即价值函数研究和社会偏好研究。基于价值函数的基本特征可知，行为人进行主观效用评估时受到参照点效应，敏感性递减效应和损失厌恶效应的影响。基于社会偏好的相关研究可知，影响行为人策略效用评估的社会偏好主要有两种来源，即"不平等厌恶"和"互惠"。可以说，由价值期望和社会偏好决定的行为人个性化效用评估倾向（如参照点效应、损失厌恶效应、不平等厌恶效应）与行为人的主观最优反应选择具有密切联系。

因此，以不同博弈模型的实验结论和相关理论研究成果为基础，可以认为反映行为人主观最优反应与实质占优策略差异程度的参数 λ 主要受到行为人思维推理能力约束，重复决策的学习效应和个性化的效用评估倾向三方面因素的影响。需要说明的是，这三方面影响因素的具体研究中都提出了一些可量化处理的参数（如表示行为人学习记忆能力的参数 ρ 和 ϕ，表示行为人对不平等厌恶程度的参数 α_i 和 β_i 等）。虽然目前还不能提出这些因素参数与参数 λ 之间准确的数量关系，但是可以认定这些因素参数为 λ 的形成机制和具体估测都提供了有效的参考。

第 5 章

策略行为决策的实验研究

在有限理性的假设条件下，强调交互不确定性的企业策略行为决策者按照自身的主观最优反应进行策略选择，形成可数性反应均衡，即所谓的"有限理性均衡"。综合大量博弈实验和行为经济学的研究结论，本书认为基于有限理性的策略行为决策机制研究中行为人在策略行为决策中能否获得博弈占优取决于三方面的因素，即行为人思维推断能力的约束、重复博弈的学习效应和个性化的效用评估倾向。可以说，这三方面因素也是可数性反应均衡理论框架中反映行为人主观最优反应与实质占优策略差异程度的参数 λ 的主要影响因素。然而，基于有限理性的企业策略行为决策理论研究的有效性仍然有待通过具体实验进行证明。

5.1

管理学的实验研究方法综述

"实验是科学之母"，但长期以来很多人都认为这里的科学仅仅指典型的自然科学，如物理学、生物学，并不包括社会科学。实际上，实验手段不仅是经典的自然科学的基本研究方法，而且也逐步成为社会科学的主要研究方法之一，实验心理学和实验经济学就是很好的例证。它们都将实验作为一种重要的研究手段和方法引入到本学科的研究之中，通过结合本学科实际构建适当的实验方法体系来推动学科发展，从而形成该学科领域重要的方法论和理论分支。其中，实验经济学已成为经济学领域发展最为迅速的分支之一，其代表人物史密斯教授于 2002 年获得诺贝尔经济学奖。作为与经济学、心理学等社会学科存在密切联系的管理学研究也在寻求适合本学科的实验方法和手段，并试图像实验经济学的形成那样派生出管理学的实验研究方法论。

5.1.1　管理实验简述

管理学是一门综合性交叉科学，其目的是研究人类利用有限资源实现组织目标的复杂社会行为及其规律。采用实验方法进行管理学研究由来已久，事实上，正是泰罗（Taylor）、梅奥（Mayo）等研究者开始的一系列实验研究促使了科学管理、行为科学等管理学基础理论的形成，从而为管理学成为一门独立的科学领域奠定基础。在管理学的发展过程中，实验研究始终是管理科学、组织行为、决策分析等管理学分析工具中的一个重要研究方法。

5.1.1.1　实验研究方法与经验研究方法的比较

参考菲尔（Fehr，2004）的分类，实验室实验与经验研究（或称为实证研究）或其他实验方法之间的关系可以从数据来源和研究地点的两维关系来进行讨论。研究的数据来源通常有两类：一类是非特定研究目的的客观现实数据或称偶然事件数据来源，如各类统计报表等；另一类是根据研究目的，通过发放问卷、调查表以及实验室实验等方式获得的数据来源。研究的空间和地点则可分现场和实验室两个类别。根据数据来源和研究地点两个维度所构成的图表（见表 5-1）可以大致勾勒出经验或实验研究的主要分类：第一象限属于通常所说的经验研究或称自然实验；第二象限为现场或实地研究也称现场实验；第三、第四象限均属实验室实验，不过第四象限更符合常规实验，而第三象限的实验常常会出现偶然性结果，这在与行为相关的实验中比较多见。

表5-1　　　　　　　　**实验研究方法与经验研究方法的比较**

数据来源 实验地点	偶然事件数据	实验的数据
现场数据	国内生产总值 通货膨胀 资产负债表分析	收入维持实验 公司中的激励实验
实验室数据	盘尼西林的发现 互惠与契约执行 货币错觉	实验的市场 协商或交易实验 货币与非货币激励的比较

资料来源：改自菲尔（2004）。

5.1.1.2　管理实验方法的分类

根据万迪昉（2003）的观点，管理学研究采用的实验方法的分类可以用图5-1表示。

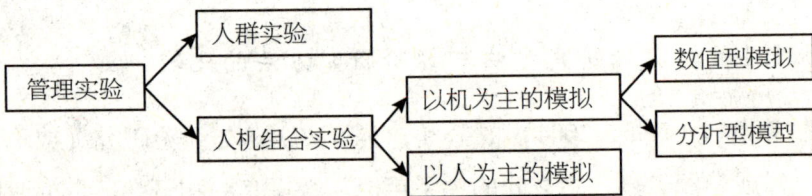

图5-1　管理实验的分类

资料来源：改自万迪昉等（2003）。

人群实验的典型表现是角色扮演，其核心思想是构建一个特定的实验环境，通过受控组和实验组在该实验环境下行为的比较研究，观察和分析事物内在的规律，从而发现和解决具体问题。一般而言，人群实验所解决的主要是一些具体的管理问题，其面向的对象主要是人及具体的工作，因而比较偏重于心理学和行为科学的方法。著名的梅奥的霍桑实验、勒温的"领导模式"实验就是此类实验的典范。

人机组合实验指在准确客观地描述实验对象的基础之上，在反映现实系统之间的关系的软件系统中由真人参与开展模拟实验。根据人在实验中的参与程度可以大致分为以人为主的模拟和以机为主的模拟。以机为主的模拟包括分析型模拟和数值型模拟两大类，分析型模拟与运筹学和管理科学联系比较紧密，主要是解决最大利润、最小成本等结构化问题。数值型模拟更多地运用系统仿真的思想，通过对企业具体管理环境和过程的逻辑思考，结合各种变量和参数把真实企业情况与运作变成具体的模型，采用计算机技术进行仿真模拟，不断地进行反馈调整，在低成本无风险的情况下模拟企业运作，从而发现问题，改进企业管理流程。而以人为主的人机组合实验只是将计算机手段作为一个实验工具，其核心是对人和组织的行为进行研究，这应该是管理实验的一个主要部分。

5.1.1.3　管理实验的发展历程

按照发展的时间历程，管理实验的发展可以分为以下四个阶段：

1. 19 世纪末～20 世纪 40 年代

这一阶段是管理实验的起步时期，在这个时期，管理实验与管理研究的发展同步，几乎所有的管理研究都是以实验为基本研究方法的。此阶段管理所面临的外部环境相对稳定，企业关注的焦点通常放在如何提高效率、增加产量等日常管理问题上，如提高员工积极性、设计合理的工序等。总的来讲，这一时期的管理实验主要是人群实验并以人和工作为研究对象，大致的思路是通过实地调研、分析、对比研究，找到提高员工积极性、改善工作效率、解决实际管理问题的有效途径，并从中归纳提炼出一些管理思想和原则。因此，它主要是以生理学、心理学、行为科学、统计学等学科的手段为基础。这一阶段比较著名的实验有：泰罗的铲掘实验、梅奥的霍桑实验等。

2. 20 世纪 40～70 年代

这一阶段的管理研究开始注重企业管理的整体流程和具体的职能管理。计算机的出现也为管理模拟提供了一些基本的条件。在这种背景之下，管理实验不再只是关注人和具体的工作。一方面，前阶段管理实验研究的方法和手段在此阶段得到了进一步的发展，并从实际实验中总结出十分有用的管理原则和理论；另一方面，作为一种实验模拟的工具，计算机被初步引入到管理研究中。此阶段管理实验所涉及的面进一步拓宽，数学模型与计算机模拟开始得到运用。

3. 20 世纪 80 ~ 90 年代

这一阶段的管理研究开始重视战略管理和跨国经营，而随着计算机技术飞速发展，一大批管理模拟软件被开发出来并初步投入使用。此时，前两个阶段所关注的采用实地实验方式的管理实验已大大减少，取而代之的是大量采用人机结合的管理实验软件。可以这样说，管理实验的中心由以人和工作为中心开始转向以组织和流程为中心。这些实验模拟软件系统大多是基于 DOS 系统采用 BASIC 等语言开发的单机版或者局域网版本，且主要处于实验室阶段，尚未被广泛运用到管理实践。

4. 20 世纪 90 年代至今

这一阶段最突出的特点是计算机技术的飞速发展和网络的高度发达，以及经济和科技的飞速发展为工商组织带来的前所未有的压力。从整体上来讲，这一阶段是上一阶段的延续和发展，只是更加深入和剧烈而已。在这个阶段，各种管理模拟软件层出不穷，运用于制造计划、市场销售、企业流程分析、企业流程再造等各种领域。

5.1.1.4 管理实验研究现状

虽然管理实验在管理学科的成长和发展过程中曾经发挥重要的作用，但是目前管理实验研究现状却并不容乐观。现有的对管理实验的有限关注主要集中于仿真研究，而其他实验思想和手段的运用并没有得到足够的重视[①]。国内对管理实验研究的起步比较晚，发展也相对落后。目前国内对管理实验的研究比较零散，主要以基于计算机的模拟实验的研究居多，大多数的研究

---

① 荷兰 Maastfieht 大学的 Berends 和 Romme 教授曾对 1986 ~ 1998 年 12 年间在国外 10 种主要杂志上所发表的采用管理模拟的文章的数量进行过统计，发现除了《管理科学》和《欧洲运筹学报》以外，其他的杂志很少或者几乎没有刊发过采用模拟软件的文章。

被限制在适合于采用结构化模型求解的运作问题（如制造、计划的最优化问题等）上，涉及企业战略层次的管理实验研究还很少见①。

5.1.2　从实验经济学到实验管理学

5.1.2.1　实验经济学发展概述

1942 年，经济学家张伯伦（Chamberlin）教授首次在课堂对市场进行实验，建立了一个实验性市场来检验竞争性市场均衡的条件，实验结果与竞争性均衡结果并不一致。正是这一实验启发了当时实验的参与者、实验经济学的开创者弗农·史密斯。史密斯觉察到实验经济理论是个可行办法，于是他在普渡大学的 11 个班级中进行了长达 6 年的实验，验证了竞争均衡理论，据此撰写的论文《竞争市场行为的实验研究》标志着实验经济学的正式诞生②。1965 年，史密斯又发表论文《实验性拍卖市场与瓦尔拉斯假定》，从而奠定其实验经济学开创者的地位，赢得了"实验经济学之父"的美誉。史密斯所创立的实验经济学是运用实验方法和技术来研究经济问题的经济学分支，它通过在可控实验环境下对经济现象和经济行为的分析和考察，来检验和完善传统的经济学理论，并对政策制定提供指导。1993 年，普林斯顿大学出版了由戴维斯和豪特（Davis & Holt）撰写的第一部实验经济学研究生教科书 *Experimental Economics*。该书具体探讨了实验方法的运用问题，内容主要包括八个部分：决策和博弈；双寡头拍卖市场；明码标价市场；议价和拍卖；公共产品及外部性；信息对称；风险情况下的个人选择；经济行为和实验方法：概述和展望。该书的出版标志实验经济学的成熟。

史密斯于 1982 年在 AER 上发表论文"作为实验科学的微观经济的基

---

①　对国内管理实验研究现状的总结是万迪昉（2003）等研究者通过对 1994～2001 年 8 年间国内主要学术期刊论文发布情况的统计研究得出的结论。

②　史密斯（1962，1964）创造了"双边拍卖"的实验，这项实验最大的特色在于所有的出价（asking）、竞价（biding）以及交易都是公开的。在这项实验中，学生被分为两组：一组是出售同样的商品的零售商；另一组是消费者。零售商在不停降价，消费者则自由地提高价格，所有人的价格都公开写在黑板上。当零售商与消费者的报价一致时交易成功。在双边拍卖中，因为价格都是公开的，所以竞争要比张伯伦实验激烈得多，也更接近地模拟了完全竞争市场上的双方行为。

础"，对自身从事的实验经济学研究进行了阶段性总结，提出应当统一此前许多经济实验所采用的个别方法，界定经济实验应遵循的步骤，建立了一套标准的研究设计和分析系统。他认为，每一个实验都应由三大元素组成：环境、体系和行为。环境给定了每位参加者的偏好、初始的货币禀赋和现有的技术水平，而体系则界定了实验术语和游戏规则。环境和体系是可控制变量，它们会影响最终所观察到的行为。并且，在实验中控制环境和体系变量，需满足一些先决条件：第一，非饱和性，指人们对商品或金钱的欲望永无止境，"多多益善"，即所谓"多比少好，少比无好"；第二，突出性，指个人的回报只取决于其行为和策略，清晰透明，毋庸置疑；第三，支配性，指实验结果应尽量客观，不被参与者的主观成本或效益所左右；第四，隐私性，指每位参与者只被告知他本人的回报程序，对他人一无所知，以避免互相影响、操纵结果；第五，平行性，指实验得出的结论在非实验室的现实世界中的同样环境下也成立。

5.1.2.2　实验管理学的兴起

在实验经济学、行为经济学、行为金融学等与企业组织行为有关的研究领域的进展对管理学的研究形成直接的影响，在公司战略、财务、组织创新等运用经济学理论较多的管理学领域最有可能借鉴实验经济学的研究范式，形成实验管理学的分支学科，开辟新的研究空间。

根据万迪昉（2003）观点，实验管理学应能为管理理论学习和研究者提供更加贴近现实的、多状态的、更为深刻的理论与实践交互作用的环境；并通过观察、分析实验参与者的行为和人机交互的结果，为修正由管理学的假定、状态和着眼点构成的视角以及参照系，继而完善管理理论实证研究提供科学手段，并为改进丰富已有理论、发现新的未知理论提供支持。

实验管理学主要运用实验室实验对特定的组织和市场环境中委托人与代理人、代理人之间的行为交互作用进行研究，关注其对于激励与协调机制的影响。它以实验设计、分析和实验结果的解释等在内的实验室实验方法论为主，但也兼顾现场（实地）实验研究，强调实验的可控性与真实性的有机结合。实验管理学本质上是一种经验调查的方法，应该逐步成为管理相关领域学习和研究者工具箱中的标准工具。值得强调的是，管理学实验室实验的主要研究对象是群体与组织行为，这种行为交互关系时常被隐喻为一种博弈，因此博弈论与实验管理学密切相关且彼此影响。

5.1.2.3　管理学实验的设计

管理学实验的设计主要回答以下问题：实验想要回答企业管理领域的什么问题；哪些可能是问题的潜在答案；通过实验解答研究问题的优点和缺点是什么；如何引导和实施实验；实验设计是解答问题尽可能简单的设计吗；等等。

与实验经济学研究提出的实验设计元素相似，管理学实验设计也应该包括三方面，即实验环境、体系和行动。在实验的设计和控制方面，需要特别重视以下两点：

第一，环境和程序规则的控制。实验设计必须形成精确的可复制的标准化程序和报告，包括要素说明、说明性例子和可理解的检验、激励方式、实验周期的确定、实验主体的人数和条件、实验主体角色安排及匹配的要求、实验地点和期限、实验的物质环境和助手及计算机的使用等。实验设计中需要通报确切信息，将实验程序规范化，并明确引导实验期与常规实验期的界限。

第二，偏好的控制。实验主体应该接受显而易见的符合相关理论或应用需要的激励（报酬），即决策应对报酬有显著影响，而报酬又足以支付决策者的个人成本。研究中应当将参与者的贡献与成绩、分数以及"货币"奖励联系起来。例如运用二进制（位）博彩程序来控制风险偏好。当实验关注"结构"胜于"背景"时，抽象的设计是有帮助的。并且，实验主体之间应该匿名，不应面对面交互，这样有利于最小化社会偏好的影响。

近几年来，许多研究者通过设计和实施特定的管理实验对企业行为，尤其是决策行为进行了多角度的研究。例如，德文塔格和沃格林（Devetag & Warglien，2003）通过实验检验了短期记忆对策略行为决策的影响；而克歇尔和萨特（Kocher & Sutter，2005）通过实验说明了时间压力对决策质量的影响。在国内，马庆国（2002）设计并进行了提高对逃税企业的惩罚力度对减少企业不诚实纳税的具体效应的实验；而万迪昉（2003）等研究者进行了新创科技企业战略控制行为模式等实验室实验。

5.1.3　对实验研究方法的异议和解释

实验研发方法的实践者希望通过实验来检验理论上和现实中有意义的假设，与其他方法相比，其优点在于实验的可控性和可重复性。但是，尽管实验研究方法在很多领域都有成功的经验，却仍然具有不可忽略的局限性。如汪丁丁（1995）所言，虽然实验研究的目的是揭示现实环境和人类行为的规律，但是实验不可能完全模拟现实生活，实验者必须对实验对象的决策环境做极大的简化才能在实验室里进行模拟。目前对在经济学与管理学研究领域采用实验室实验这一研究方法主要存在以下两种异议，而实验研究方法的支持者针对不同的异议也给出了相应的解释。

5.1.3.1　外部有效性异议

理论研究需要强调内部与外部有效性之间关系的权衡。内部有效性是指从研究中获得具有充足理由的结论的能力，主要体现为研究数据能够进行因果推断。在实验室实验研究中，内部有效性回答实验控制是否适当，以及数据分析是否正确这样一类问题。外部有效性是指从研究背景归纳出接近现实的实验条件的能力，其回答的问题为是否可以从实验室归纳出对现场或实地有效的推论。一般认为，实验室实验具有较高的内部有效性和较低的外部有效性，即人们怀疑从实验室实验的研究结论向实践活动推广的可行性。

对于外部有效性异议，实验室实验的倡导者认同问题的可归纳性，即只要有关基本条件在本质上保持不变，行为规律性在新的情形之下就有可能不断持续。因此，实验室实验的研究者认为，虽然没有任何实验和其他完全根据经验的结果能证明在相同的环境之下同样的规律性将一定奏效。但是，如果在给定的一组条件下许多实验已经显示显著的和可复制的规律性，那么研究者就应当对符合上述条件下相同的规律性事实的发生充满信心。

5.1.3.2 真实性异议

有关实验室实验缺乏真实性的异议是指人们认为实验室实验的条件是不切实际的，是人造的，其抽象的简化与现实世界复杂的真实情境存在不可忽视的差异。事实上，大多数经济模型和管理模型似乎都存在类似的"不切实际"的问题，具体表现为在模型构建中遗漏了许多真实的方面。然而，这种模型或实验的简化往往可以提高对有关变量交互作用的理解，并且在研究过程的开始阶段尤为如此。从这个意义上说，研究的简化是一种有助于研究进一步发展的优点。

现实研究中，真实性重要与否取决于实验的目的，而通常情况下实验目的是要测试某一理论的有限性或验证某一理论的失灵。此时对理论构建而言真实性的含义就不再是简单地对现实的直接理解。如普洛特（Plott，1982）所言，"提出问题的艺术取决于将复杂问题的理解与其相关的简单案例联系在一起进行研究的能力。被定义的一般理论和模型应适用于所有相关场合。因此，一般的理论和模型应该被预期能在实验室（市场）的专门环境中工作。当模型无法在特定的情形从被观察的数据中体现其价值时，根据经验应被修正或拒绝。实验方法的相关性也由此被建立起来。因此，虽然比起自然发生的过程实验室过程相对简单些，但由于参与者是追逐实际利润的现实的人，他们在实验中遵循现实的规则，故这一过程仍然是一现实的过程。特别是如果他们真对实验感兴趣，这一过程则更加确切"。

此外，在实验室执行的条件与现实所呈现的是否一致这一问题上还会受制于一些不确定性。因此，实验室实验不是对现场偶发数据的分析、现场实验和调查数据分析的替代，而应该将所有这些根据经验的研究方法加以组合运用。因此，在实验室实验的设计过程中就应当注意要选择在理论上或根据经验的管理研究无法解决的争论并且通过严谨的实验突现其辩论的要点（如礼物交换市场、关系契约等）。

5.1.4 实验管理学的发展前景

目前部分研究者对管理实验抱有怀疑态度，认为管理本身是一门实践性很强的学科，应注重由经验上升为理论的研究，而事实上这是一种过分依赖观察者的看法和偏好来解释和预测研究对象的理论科学态度，而非真正重视科学命题的实用科学态度（万迪昉，2003）。如孔茨（Koontz，1961）所言，"未来是不同于过去的，过去的具体经验，未必能沿用于解决未来的问题。因此，对过去经验的研究，如果不是从根本上搞清楚事物的起因，那就不可靠，甚至是危险的。只有以探求基本规律为目的去总结经验，才有助于某些管理原则和理论的提出或论证"。进行管理研究不能仅仅依靠所谓合理的经验或假设，经验上升为理论离不开实验的支持，而管理实验恰恰就是强调通过贴近客观现实的人机组合的实验对各种假设进行验证，以修正现有管理模式形成新的管理模式，并探寻基本规律的过程。

从管理实验的发展历史、成果以及现状来看，可以说一个基于方法论的管理学的分支实验管理学已经初步凸显出来。事实上，在目前的管理实践中，管理者迫切需要一种研究和分析各种复杂交错的关系、因素及影响的方法，实验管理学正好能够满足这一要求，能够为企业的决策和管理过程控制提供有效的工具手段。需要强调的是，与实验经济学一样，实验管理学只是一种方法论，是根据实际的管理学研究和企业管理实践的需要对管理学研究方法的一种发展和补充，而绝对不是替代。管理实验的进一步发展，以及对实验经济学研究范式的学习和借鉴，必将逐步引导实验管理学的发展和成熟。

5.2

策 略 行 为 决 策 的 模 型 设 定

在管理学研究中借鉴实验经济学的研究范式进行实验室实验，可以为企业决策研究提供一个新的视角。本书在完成企业策略行为决策的理性假设修正、均衡标准确定和决策机制影响因素演绎归纳的研究后，就试图通过实验室实验的研究方法对构建的理论体系进行验证。

5.2.1　研发投资竞赛模型

假设在某一寡占市场中存在对称双寡头企业 X_i（$i=1$，2），二者都面临一项潜在市场需求，并且都可以通过开发新产品 A 满足市场需求。对两个寡头企业而言，在不考虑竞争者行为的条件下，单方研发成本都为 70 万元，而可获得的销售收入都为 100 万元，但是，实际上单个寡头企业 X_i 进行该项研发投资时，成本和收益都会因为竞争者的行为而面临不确定性。

两个企业都会独立决策是否进行新产品 A 的研发，而决策的支付矩阵如图 5 – 2 所示。这是一个典型的懦夫博弈形态，如果博弈双方都没有明确可知的无条件行动，博弈的关键就在于对竞争者决策的准确预期。X_1 若可以确定 X_2 肯定进行新产品研发，那么 X_1 至少能够通过放弃研发回避 20 万元的亏损[①]；X_1 若可以确定 X_2 肯定不进行新产品研发，那么 X_1 就能够通过单方研发获得 30 万元的利润。

X_2

	研发	不研发
发布	−20, −20	30, 0
不发布	0, 30	0, 0

X_1（行标）

图 5 – 2　研发投资竞赛支付矩阵 1

如果 X_1 将开展新产品研发作为一个无条件行动（unconditional move），那么其获取博弈占优的关键是保证无条件行动的可信度（credibility），促使 X_2 相信 X_1 会坚持新产品研发，从而退出研发竞赛。

---

① 　如果 X_1 和 X_2 都进行新产品研发，由于双方是对称寡头，因此二者平分新产品 A 的市场份额，单方可获得销售收入为 50 万元（$100 \times 50\% = 50$），则每方的亏损额为 20 万元（$50 - 70 = -20$）。

假设 X_1 对新产品 A 已投入 50 万元完成关键技术研发，而此时 X_2 可能也随后进行相同的研发。X_1 可以花费 5 万元的成本，发布可以体现其研发成果的 DEMO 产品（即演示产品），向竞争者展示其技术成果和坚持研发的决心。X_1 是否进行 DEMO 产品发布与 X_2 是否进行研发的决策构成的支付矩阵如图 5 – 3 所示。如果 X_1 的行为成功影响了 X_2 的决策预期，那么 X_2 将放弃研发以回避 20 万元的亏损；如果 X_2 对 X_1 的行为无动于衷，那么双方都将面临高额损失。

	X_2	
	研发	不研发
发布	–25，–20	25，0
不发布	–20，–20	30，0

（左侧标注 X_1）

图 5 – 3　研发投资竞赛支付矩阵 2

5.2.2　抽象的策略含义

对称双寡头企业研发竞赛的策略行为模型可以抽象为一个简单的博弈模型。博弈模型中由两个参与者 Y_1 和 Y_2，他们面临的支付矩阵如图 5 – 4 所示，在博弈中获取的支付同时取决于自己和另一位参与者的选择。两个参与者在博弈中进行的选择是决定是否将数量为 q 的货币投入"黑箱"，如果两个参与者都选择投钱，那么"黑箱"将没收其所投金额的一半；如果两个参与者都选择不投钱，那么双方既无损失也无收入；如果两个参与者对是否投钱有不同的选择，那么投钱的一方则获得"黑箱"给予的投入金额一半的奖励。

如果博弈的两位参与者可以通过支付一定的成本 c 来向竞争者发布信息，那么他们博弈支付的具体数额就会因为是否发布信息而形成或不形成成本 c 的扣减。

Y_2

	投入	不投入
投入	$-0.5q$, $-0.5q$	$0.5q$, 0
不投入	0, $0.5q$	0, 0

Y_1

图 5 - 4　简单博弈模型支付矩阵

需要说明的是，将一个现实存在的研究现象抽象为某个内在逻辑相似的简单模型，进而以简单模型作为实验室实验设计基础是实验经济学研究中得到广泛接受的做法，而典型的例子包括陈晓萍（2003）等研究者进行的"搭便车"（free riding）容忍程度实验；卡桑（Cason，2005）等研究者进行的不确定性和改革阻力实验等等。

5.3

实 验 设 计

以基于对称双寡头研发投资竞赛的简单博弈模型为基础开始进行策略行为决策的实验室实验设计。实验参加者为南京大学商学院一年级硕士研究生志愿者。实验的过程采用网络匿名方式，在实验过程中使用虚拟货币，在每轮实验结束后，将虚拟货币兑换为真实货币。每个实验参加者在南京大学小百合 BBS 上都具有一个可登录的账号，保证可以进行畅通的网络对话。针对所要验证的策略行为决策理论，整个实验室实验设计分为三个部分，分别表示为实验 A、实验 B 和实验 C[①]。

---

① 实验设计的具体过程参考了麦考芮和帕弗利（2000）论文 "The effects of payoff magnitude and heterogeneity on behavior in 2×2 games with unique mixed strategy equilibria" 中附录提供的实验进程报告。

5.3.1 实验 A

5.3.1.1 实验目标

实验 A 的实验目标是验证策略行为决策结果对纳什均衡的偏离和可数性反应均衡的存在形式，以及在策略行为决策者之间是否存在思维推理能力的差别。

5.3.1.2 实验组成与时间安排

实验 A 由三轮独立子实验组成，每轮实验耗时两分钟。

5.3.1.3 实验内容

在每个实验轮次中，每个实验参与者都做一次选择，即是否向电子"黑箱"中投入 20 元，而其决策的回报取决于他（她）所在的特定双人博弈小组中的互动决策。如果两个参与者都选择"投入"，那么各自损失 10 元；如果两个参与者都选择"不投入"，那么收益为 0；如果一个参与者选择"投入"，而另一个参与者选择"不投入"，那么选择"投入"的参与者得到收益 10 元，而选择"不投入"的参与者收益为 0。

5.3.1.4 实验过程

在实验开始时，向每个参加实验的同学发放总金额为 40 元的虚拟货币，作为实验 A 参加者的自然资源。实验主持人赋予每个实验者一个 ID，即 $A-T$ 中的一个字母。将 20 位实验参加者随机组合，形成 10 个双人博弈小组。

根据实验主持人的指令，实验参加者以本人的 BBS 账号登录南京大学小百合 BBS。

根据实验主持人的指令，作出是否向电子"黑箱"投入 20 元的选择，并将具体决策发送到南京大学小百合 BBS 中指定 ID 的邮箱中，其格式为：

实验 A（1）—参与者编号—姓名—具体决策（投入或者不投入）

同样的实验过程将重复三次。

5.3.1.5　说明

第一，重复进行子实验三次，博弈小组的人员都进行重新组合①。

第二，在实验 A 的三个子实验中，在每轮次实验结束后，不向实验参加者公布博弈结果。

5.3.2　实验 B

5.3.2.1　实验目标

实验 B 的实验目标是验证策略行为决策重复博弈过程中行为人的学习效应。

5.3.2.2　实验组成与时间安排

实验 B 由三轮独立子实验组成，每轮实验耗时 5 分钟。

5.3.2.3　实验内容

在每个实验轮次中，每个实验参与者都有一次花费一定成本（5 元）向博弈对手发布信息的机会，信息的内容是对其博弈决策的公开，而信息的真伪由发布者独立选择和接受者自主判断。在信息发表后，每个实验参与者仍然进行类似于实验 A 的选择，即是否向电子"黑箱"中投入 20 元，而其决策的回报取决于他（她）所在的特定双人博弈小组中的互动决策。如果两个参与者都选择"投入"，那么各自损失 20 元；如果两个参与者都选择"不投入"，那么收益为 0；如果一个参与者选择"投入"，而另一个参与者选择"不投入"，那么选择"投入"的参与者得到收益 10 元，而选择"不

---

① 这种重新组合是由实验主持人在每位实验参与者作出策略选择后完成的，在具体实验过程中并没有穿插每次改变博弈组合的过程，一方面节约实验时间；另一方面避免给实验参与者带来不必要的思维混乱，影响其策略选择。

投入"的参与者收益为 0。

5.3.2.4 实验过程

在实验开始时，实验主持人赋予 20 位实验者每人一个 ID，即 $A-T$ 中的一个字母。将 20 位实验参加者随机组合，形成 10 个双人博弈小组。同时，根据随机组合的情况对每位实验参与者进行二次编码，一方面为实验参与者的公开信息发布提供条件，另一方保证实验参与者相互之间的匿名性。具有编码方式是，例如编号为 A 和 M 的参与者成为随机博弈组合，那么就将 A 参与者二次编码为 M^*，将 M 参与者二次编码为 A^*。这样在公开进行信息发布时，每个实验参与者的信息发布经过实验主持人的编码转化后，就表现为从 A^*-T^* 的参与者的信息发布，参与者 A 只需要寻找参与者 A^* 的信息发布情况即可。需要说明的是，如果杜绝实验参与者的私下交流，这种二次编码并不必要，但由于实验参与者彼此是熟悉的同学，为了保证匿名性才进行了这样复杂的二次编码①。

在每轮实验开始时，向每个参加实验的同学发放金额为 20 元的虚拟货币，作为实验 B 每一轮次参加者的自然资源。

根据实验主持人的指令，实验参加者在电脑上打开两个 IE 浏览器窗口，其中一个窗口匿名进入南京大学小百合 BBS 指定 Blog 的页面；另一个窗口以实验参加者本人的 BBS 账号登录南京大学小百合 BBS 并进入发送邮件页面。

在实验划定的时间内（2 分钟），实验参与者决定是否花费 5 元的成本向其博弈对手发表有关自己博弈决策的信息。如决定发表信息，则向指定南京大学小百合 BBS 中指定 ID 的邮箱中发送信件，信件必须说明自己发表的信息，并署名 ID 和真实姓名。具体格式为：

实验 B（1）—参与者编号—姓名—是否发布信息—信息内容（投入或

---

① 如果实验主持人有一个功能强大的信息处理中心，能够在瞬间完成信息转化，并实现与每个实验参与者的点对点网络对话，那么就不需要进行汇总信息发布，从而保持信息的匿名性。但是，在本书研究中尚无法实现这样的要求，只能进行信息汇总发布，这对实验有效性会产生负面的影响。

不投入）

实验主持人收到实验参与者的信息发表信件后，将立即在 Blog 页面上进行即时汇总和发表。

在信息发布结束后，根据实验主持人的指令，作出是否向电子"黑箱"投入 20 元的选择，并将具体决策发送到南京大学小百合 BBS 中指定 ID 的邮箱中，其格式为：

实验 B（1）—参与者编号—姓名—具体决策（投入或者不投入）

同样的实验过程将重复三次。

每轮实验结束后，实验主持人将统计实验结果，并在 Blog 页面上发布每个实验参与者所获支付的情况。

5.3.2.5　说明

第一，重复进行子实验三次，而博弈小组的组合不变。

第二，在实验 B 的三个子实验中，在每轮次实验结束后，都即时向实验参加者公布博弈结果。

5.3.3　实验 C

5.3.3.1　实验目标

实验 C 的实验目标是验证策略行为决策重复博弈过程中行为人的效用评估是否存在个性化倾向。

5.3.3.2　实验组成与时间安排

实验 C 由两轮独立的子实验组成，每轮实验耗时 5 分钟。

5.3.3.3　实验内容

在实验 C−1 中，每个实验参与者在实验 B 的博弈小组中进行类似与实验 A 的实验，即每个实验参与者都做一次选择，即是否向电子"黑箱"中投入 20 元，而其决策的回报取决于他（她）所在的特定双人博弈小组中的互动决策。如果两个参与者都选择"投入"，那么各自损失 10 元；如果两个参与者都选择"不投入"，那么收益为 0；如果一个参与者选择"投入"，而另一个参与者选择"不投入"，那么选择"投入"的参与者得到收益 10 元，而选择"不投入"的参与者收益为 0。

5.3.3.4　实验过程

在实验开始时，每个实验参与者沿用实验 B 中的 ID。在实验 C – 1 中，根据实验主持人的指令，实验参加者以本人的 BBS 账号登录南京大学小百合 BBS。根据实验主持人的指令，作出是否向电子"黑箱"投入 20 元的选择，并将具体决策发送到南京大学小百合 BBS 中指定 ID 的邮箱中，其格式为：

实验 C（1）—参与者编号—姓名—具体决策（投入或者不投入）

同样的实验过程将重复两次。

5.3.3.5　说明

在实验 C 中实验主持人并不向实验参与者支付虚拟货币，而每个实验参与者动用自身的资源参加博弈实验。

5.3.4　实验设计的几点说明

在策略行为决策实验设计中，针对可能出现的疑问和存在的局限性，需要对实验参与者人数、实验参与者类型和实验金额进行重点说明。

5.3.4.1　实验参与者人数

在现有的强调策略互动的实验中，每次实验的参与者一般在 5～25 人，目前唯一的特例只是威廉斯（Williams，2003）报告了一个有 300 多人参加的开放式的证券市场实验。参考以往的实验范例，也结合现有研究的软件和硬件设施条件①，本书的策略行为实验的参与者人数为 20，此外还有一位实验主持人和一位实验助手。实验主持人的工作是向实验参与者通报实验规则，为实验参与者的分步骤行动提供实时指导和监控，而实验助手的工作则是根据网络匿名对话，按照实验设计的具体要求及时统计和发布实验数据。

5.3.4.2　实验参与者类型

目前已有的相关文献中实验参与者主要是大学里的本科生或研究生，而选择的理由是节约成本和便于组织和进行实验控制。实验经济学的批评者曾对此提出疑义，认为学生远不如真实市场投资者那样富有经验，因而学生参与者的实验结果很可能缺乏有效性。为此，一些实验尝试从真实市场中招募参与实验的行为决策者（如工人，经理，首席执行官等），但是实验的结论是这些参与者的决策与学生作出的决策相比并不存在显著的差异性，而后者作为实验对象的费用往往远远低于前者（Smith，1988；Mestelman & Feeny，1988；Dyer，1989）。

针对实验参与者大多集中为在校学生的疑义，有研究者曾经指出，在实验重点关注参与者行为倾向的情况下，在实验设计和控制比较严密的条件下，实验参与者类型对实验结论有效性并不会产生动摇根本的影响。换言之，在选择在校学生作为实验参与者的情况下，实验结论会存在由于参与者类型带来的局限性，但是该局限性仍处于可接受的范围内，并不足以改变实验结论的可接受性。同样的局限性和有效性并存的情况在经济学和管理学的理论研究中并不罕见。为了证明上述观点，研究者还以史密斯主持的一次研究电网定价为基本目标的大型实验为例进行了具体分析。该实验的参与者全部为在校大学生，使用软件"Power 2K"为基本平台，计算机为每个实验参与者提供关于市场供给结构的完整和全面的信息，在需求受到控制时像真实购买者一样在每个交易日的不同负荷需求时段提交精确地反映了需求与供给平衡关系的报价；实验参与者可以在 1 分钟内的任何时间修改其报价，当时间终止，供给方报价和需求方报价等信息输入计算机进行

---

① 软件条件限制是指实验主持人控制实验现场的能力，硬件设施条件限制主要来自可供进行网络匿名对话的接入局域网的微机数目和实验室的物理空间。

最优化计算，按最大化整个电网的交易总利益确定每个交易时段的价格和相互间的交易量。高度智能化的实验系统设计能够充分体现可控制性的特征，学生（非电力系统专业）实验参与者经过两天的培训就可以进行与专业人员十分类似的操作，并且实验的一系列结论通过多组实验结果的对比是完全可以接受的。

根据现有实验研究的通行处理方法，参考实验经济学研究者的代表性观点，结合现有实验研究的客观条件限制，本书的策略行为实验也选择了学生参与者，在严格的实验设计和控制条件下，参与者类型派生的局限性将被控制在可接受的范围之内。

5.3.4.3　实验金额

实验的具体设计和实施与人们的直观想法往往存在一定的差距。最常见的一个例子就是很多人认为实验真实的收益会影响行为，收益越大，实验参与者就表现得越自私，但这却并没有得到实验的有力证明。霍夫曼和麦卡布（Hoffman & McCabe，1998）的实验表明真实收益的大小对最后通牒博弈行为几乎没有任何影响。此后，其他一些人的实验也大致证明了这一点。卡梅瑞（1999）在印尼进行最后通牒博弈实验，使实验参与者能从中获得相当于3个月收入的收益，但发现只是回应者愿意接受低要约的比例稍微提高了一点，提议者的行为几乎没有变动。麦考芮和帕弗利（2000）在混合策略均衡博弈实验的研究中也指出，实验中真实支付的大小对实验参与者行为的影响是非常微弱的。根据现有的研究结论可以推断实验支付的大小并不是实验结论的重要影响因素，即在一定的实验环境和实验控制下，实验支付金额的改变并不会对实验结论产生颠覆性的影响。因此，在本书的实验设计中，对每位实验参与者的自然赋予金额为100元，而每次实验的支付为10～20元。并且，本书认为较低支付条件下的实验结论向较高支付条件下的类似决策的推广是有效的①。

---

① 现有实验研究中的实验支付普遍金额较低，如陈晓萍（2003）进行的公共品博弈实验中每个实验轮次的平均支付仅为4.12美元。

5. 4
实 验 数 据 分 析 与 结 论

在20位实验参与者进行的八轮次实验中，尽管每轮博弈面临的支付矩阵不尽相同，但是在忽略信息发布成本的条件下，每一轮博弈的混合纳什均衡都可以表示为(0.5，0.5)，而每个实验参与者都视为是相互对称的。

5.4.1　实验 A 数据

表5-2说明实验A三轮次中的基本数据总结。其中所谓"博弈占优"是指获取了"黑箱"奖励，即策略组合（投入，不投入）的投入方；所谓"博弈失败"是指遭受了"黑箱"侵占，即策略组合（投入，投入）的两个投入方；所谓"博弈平衡"是收益不发生变化，即策略组合（投入，不投入）的不投入方，或者策略组合（不投入，不投入）的两个不投入方。根据实验A三轮次的实验数据可以计算出，在现实博弈中，每个实验轮次的混合策略选择可以分别表示为：(0.7，0.3)，(0.65，0.35)和(0.6，0.4)。

表5-2　　　　　　　　　　**实验 A 博弈基础数据**

实验轮次 \ 实验数据	选择投入人次	选择不投入人次	博弈占优人次	博弈平衡人次	博弈失败人次
A-1	14	6	2	6	12
A-2	13	7	5	7	8
A-3	12	8	7	9	4
总计	39	21	14	22	24

并且，在实验A的三个轮次实验中，对于每个实验参与者而言存在不同的博弈结果。如表5-3所示，有四位实验参与者（即两个博弈小组）连续失败三次，一位实验参与者三次选择放弃投入，三位实验参与者获得两次

博弈占优，七位实验参与者在连续三轮实验中没有蒙受过失败的损失。

表5－3　　　　　　　　　**实验 A 参与者博弈结果总结**

博弈结果类型	占优3次	占优2次	占优1次	平衡3次	平衡2次	平衡1次	失败1次	失败2次	失败3次
实验人次	0	3	7	1	4	5	4	4	4

5.4.2　实验 B 数据

表5－4和表5－5说明实验 B 三轮次中有关信息发布的情况。从数据可以看出，实验参与者选择发布信息的积极性并不很高，最高的一轮选择者才刚刚达到半数。实验参与者在首轮进行信息发布时，都表现得非常诚实，即之后采取的行动与发布信息完全一致，而在随后的两个轮次的实验中，参与者信息发布的诚实程度在不断降低。

表5－4　　　　　　　　　**实验 B 参与者信息发布总结1**

实验数据 / 实验轮次	选择发布信息	选择不发布信息	信息—行动相符	信息—行动相符
B－1	8	12	8	0
B－2	5	15	4	1
B－3	10	10	6	4
总计	23	37	18	5

表5－5　　　　　　　　　**实验 B 参与者信息发布总结2**

信息发布选择	发布3次	发布2次	发布1次	发布0次	欺骗3次	欺骗2次	欺骗1次	欺骗0次
实验人次	3	3	8	6	0	0	5	9

有意思的是，对于一位连续三次发布信息而最后采取信息欺骗的实验参与者而言，第一轮实验他（她）与其对手都发布了信息，但未形成信任，

形成（投入，投入）的策略组合，双方都损失了 25 元；而第二轮实验他（她）单方发布不投入的信息，而对手信任了他（她），获取了 20 元的收益；第三轮实验，他（她）进行了虚假信息发布，声称不投入却采取了投入行动，而其对手进行了诚实信息发布，最后又形成（投入，投入）的策略组合，双方损失了 25 元。推测该参与者的行为动机有三种可能：其一，怀疑对手的诚实程度，认为对手在发布虚假信息，但是基于实验 B-1 中对手的诚实记录，该动机存在的概率不高；其二，基于 B-1 的实验经验，认为对手不信任自己，希望对手基于不信任推断自己会投入而放弃投入策略；其三，基于 B-2 的实验经验，认为对手信任自己，希望对手基于信任也采取投入策略，从而形成"双输"以求的公平平衡（该参与者在实验 B-1 和 B-2 中总收益为 -30，而其对手为 -5）。

表 5-6 和表 5-7 说明实验 B 三轮次中策略互动结果的基本数据总结。需要说明的是，如果实验参与者的支付仅仅是发布信息支付的成本，仍然将其视为处于博弈平衡状态。根据实验 B 三轮次的实验数据可以计算出，在现实博弈中，每个实验轮次的混合策略选择可以分别表示为：（0.6，0.4），（0.65，0.35）和（0.65，0.35）。

表 5-6 **实验 B 博弈基础数据**

实验轮次 \ 实验数据	选择投入 人次	选择不投入 人次	博弈占优 人次	博弈平衡 人次	博弈失败 人次
B-1	12	8	5	7	8
B-2	13	7	3	7	10
B-3	13	7	5	7	8
总计	38	22	13	24	26

表 5-7 **实验 B 参与者博弈结果总结**

博弈结果 类型	占优 3次	占优 2次	占优 1次	平衡 3次	平衡 2次	平衡 1次	失败 1次	失败 2次	失败 3次
实验人次	0	3	6	1	7	4	8	7	2

实验 B 的三个轮次中，有两位实验参与者（即一个博弈小组）连续失败三次，有三位实验参与者获得两次博弈占优，有三位参与者在连续三轮实验中没有蒙受过失败的损失，而全部与实验 A 中没有蒙受过损失的参与者重合。换言之，在实验 A 和实验 B 的两组实验中，有三位参与者没有蒙受过任何失败的损失。值得注意的是，在实验 B 中连续失败的博弈小组与实验 A 中是重合的，而实验 A 中另一个连续博弈失败的小组在实验 B 中得到了改善，其中一位参与者两次占优，一次失败；另一位参与者两次平衡，一次失败。持续失败的实验小组在实验 B 中失败的原因是一位从不发布信息的参与者对其三次发布信息且都很诚实的对手持不信任的态度。

5.4.3 实验 C 数据

表 5-8 和表 5-9 说明实验 C 两轮次中的策略互动结果基本数据总结。根据实验 C 两个轮次的实验数据可以计算出，在现实博弈中，每个实验轮次的混合策略选择可以分别表示为：（0.75，0.25）和（0.8，0.2）。

表 5-8　　　　　　　实验 C 博弈基础数据

实验轮次 ＼ 实验数据	选择投入人次	选择不投入人次	博弈占优人次	博弈平衡人次	博弈失败人次
C-1	15	5	3	5	12
C-2	16	4	4	4	12
总计	31	9	7	9	24

表 5-9　　　　　　　实验 C 参与者博弈结果总结

博弈结果类型	占优 2 次	占优 1 次	平衡 2 次	平衡 1 次	失败 1 次	失败 2 次
实验人次	0	7	1	7	10	8

实验 C 的两个轮次中，有八位实验参与者（即四个博弈小组）连续失败两次，没有实验参与者获得两次博弈占优，有四位参与者在连续三轮实验

中没有蒙受过失败的损失，其中两位与实验 B 中没有蒙受过损失的参与者重合。换言之，在实验 A、实验 B 和实验 C 三两组实验中，有两位参与者没有蒙受过任何失败的损失。值得注意的是，在实验 B 中连续失败的博弈小组与实验 A 中是重合的，而实验 A 中另一个连续博弈失败的小组在实验 B 中得到了改善，其中一位参与者两次占优，一次失败；另一位参与者两次平衡，一次失败。

5.4.4 数据分析结论

实验 A 至实验 C 的八次博弈选择数据可以得出实验参与者的混合策略选择依次分别为：（0.7，0.3），（0.65，0.35），（0.6，0.4），（0.6，0.4），（0.65，0.35），（0.65，0.35），（0.75，0.25）和（0.8，0.2）。明显可以看出，所有的混合策略选择都与标准博弈论体系下的纳什均衡点（0.5，0.5）不符，并且这种不符存在某种稳定性①。因此可以得出这样的实验结论，即由于策略行为决策主体的有限理性，由所有决策者各自的策略选择决定的决策均衡偏离标准博弈论体系下的纳什均衡。

在三组实验研究中，可以将实验 A 和实验 B 分为一类，而将实验 C 划分为另一类，其根本原因在于前一类实验中实验参与者所动用的资源都是环境赋予的无成本资源，而后一类实验中实验参与者没有获得环境赋予的资源，必须动用自身拥有的资源②。也就是说，根据期望效用理论，两类实验中实验参与者的价值参照点和敏感系数不同，因而其效用评估的方式也会存在不可忽视的差异。因此，在考察实验参与者的混合策略选择是否具有某种收敛性的研究中，将实验 C 的数据剔除。考察一类实验的连续六次的混合策略选择，依次为：（0.7，0.3），（0.65，0.35），（0.6，0.4），（0.6，0.4），（0.65，0.35），（0.65，0.35）。可以看出，六次的混合策略选择显示出模糊的系统性，处于从（0.7，0.3）到（0.6，0.4）运动的轨迹之中。

---

① 这一稳定性最显著的表现就是混合策略选择（0.65，0.35）在八次选择中出现了三次。

② 实验 A 和实验 B 也存在信息发布和支付矩阵的差异，但这一差异在对混合策略选择的考察中可以暂时忽略。

因此，可以认为有限理性的策略行为决策者多轮次进行类似决策的均衡结果会呈现某种收敛性质，而收敛的目标是否是标准博弈论体系下的纳什均衡实验数据没有给出明确的证明，其可能的原因是实验样本数量不够，即实验参与者总数和实验轮次数还没有足够多，个别实验参与者的异常选择的效应无法通过大样本的平均得到中和，而实验参与者也没有能够形成足够程度的博弈进化，从而摸索提高理性水平，进而形成纳什均衡。

在实验 A 中，实验参与者平等获取环境赋予的资源，并在不知道每轮次对手行动和博弈支付的条件下进行了三个轮次的实验，这就意味着实验参与者既不会形成强化学习效应，也不会形成信念学习效应，并且其效用评估倾向基本一致。在这样的控制条件下，实验参与者的博弈结果的差异就可基本归因于每个参与者 +9 不同的思维推理能力。根据实验 A 的数据可以看出，有四位实验参与者连续失败三次，三位实验参与者获得两次博弈占优，七位实验参与者在连续三轮实验中没有蒙受过失败的损失。因此，可以这样推断，有限理性的策略行为决策者相互之间的确存在思维推理能力的相对差异，不过其中"运气"因素的影响效应尚无法确定。

在实验 A 结束后，实验主持人公布了该组实验形成的博弈支付情况，而在随后实验 B 的每一轮次实验结束后，博弈支付情况都得到了公布。这意味着，在效用评估倾向基本一致的条件下，每个实验参与者可能可以根据自身策略选择的支付情况，以及对博弈对手历史行为的总结形成强化和信念学习效应。根据实验 B 的数据，可以做出四个推断：其一，通过强化学习和信念学习，原本成绩平平的实验参与者情况可能有所改善，具体表现为三位在实验 A 中表现一般（其中一位在实验 A 中三次失败）在实验 B 中取得两次博弈占优；其二，学习效应带来的博弈占优往往与思维推理能力带来的博弈占优是一致的，即获取较好学习效应的实验参与者往往也具有较好的思维推理能力，具体表现为实验 B 中三位参与者在连续三轮实验中没有蒙受过失败的损失，而全部与实验 A 中没有蒙受过损失的参与者重合；其三，思维推理能力带来的博弈占优与学习效应带来的博弈占优不一定一致，即具有较好思维推理能力的实验参与者不一定也能获取较好的学习效应，实验 A 中没有蒙受过损失的七位参与者在实验 B 中只有三位仍然保持较高的博弈占优概率，而另外四位都至少遭受一次损失；其四，对于思维推理能力较弱的实验参与者，学习效应的改善效果并没有明确结论，具体表现为两组思维推理能力较弱的实验参与者在同样的学习控制条件下，一组结果出现明显改善，而另一组仍然出现三次博弈失败，不过博弈失败的连续出现可以从个案分析上归因于信任的缺乏①。

　　除了类似于实验 A 的策略选择过程，实验 B 还增加了一个信息发布机制，通过信息发布机制实验数据的研究，可以发现实验参与者信息发布时的诚实程度比较高，即之后采取的行动与发布信息完全一致，不过这种诚实随着实验轮次的递进有不断降低的趋势。每个存在信息发布博弈小组如果初次选择信任并取得非失败的结果，那么随后继续发布信息，并保证博弈占优或者博弈配合的可能性也比较高；而如果初次选择不信任并取得失败的结果，那么随后继续发布信息的意愿就比较低，即使信息发布也存在比较严重的不信任情况，从而引致再次的博弈失败。

　　根据实验 B 的实验数据可以认为，有限理性的策略行为决策者在多轮次类似决策中会形成包括强化学习和信念学习的学习效应，而学习效应与行为人思维推理能力也具有一定的相关关系。并且，行为人初始状态的诚实意愿很高，但相互之间的信任意愿较低，而随后诚实意愿与信任意愿会因为特定博弈结果（可能具有偶然性）而发生变化，信任意愿的降低引致博弈失败的可能性很大。

　　根据上文的说明，实验 C 其实是另一个类别的实验，根据实验 C 的实验数据可以看出，混合策略选择忽然发生异动，实验参与者都表示出较高的选择投入策略的意愿。但是，经过事后访谈可以发现前期博弈支付较高和较低的参与者选择继续投入的动机是不一样的，前者由于"财富"水平较高，可能发生的损失对其效用减损较低，因此愿意承担损失的风险继续追求收益；后者"财富"水平较低，而如果放弃投入就意味着提高其对手获取收益的可能性，一种类似于"不患寡，而患不均"的心理促使其选择继续投入。可以说，前者是一种参照点效应，而后者是一种不平等厌恶效应。这说

---

　　①　持续失败的实验小组在实验 B 中失败的原因是一位从不发布信息的参与者对其三次发布信息且都很诚实的对手持不信任的态度。

明，有限理性的策略行为决策者在进行策略效用评估时会受到个性化的效用评估倾向，而这种影响会改变决策者的策略选择。

5.5

本 章 小 结

本书认为在基于有限理性的策略行为决策机制研究中行为人能否获得博弈占优取决于三方面的因素，即行为人思维推断能力的约束、重复博弈的学习效应和个性化的效用评估倾向，而理论框架的有效性需要通过实验研究的检验。虽然对实验研究方法的应用一直存在不同的意见，但是实验经济学的发展提供了实验研究方法可行性的最好例证，而许多学者针对不同的批评意见也提出了多角度的解释。尽管存在有待克服的缺陷，实验研究方法在精确的设计和严格的控制下仍然能够提供可以接受的研究结论。

借鉴实验经济学的研究范式，本书在完成企业策略行为决策的理性假设修正、均衡标准确定和决策机制影响因素演绎归纳的研究后，开始通过实验室实验研究方法对构建的理论体系进行验证。根据现有的企业组织行为的实验研究经验，首先确定一个现实存在的企业策略行为决策模型作为实验设计的依据，而对称双寡头研发投资竞赛就是这样一个符合要求的典型策略行为决策。根据双寡头研发投资竞赛可以抽象出一个内在逻辑相似的简单模型，而这个简单模型就是实验室实验设计的基础。整个实验过程分为三组，针对不同的实验目的，分别确定了不同的控制条件和实验流程。根据 20 位实验参与者连续八轮次实验的实验数据结论的总结和分析，可以较好地验证前面的策略行为决策理论研究框架，为前面的理论研究成果提供了较为可靠的有效性证明。

第6章

结论与展望

6.1
研 究 结 论

现实经济环境中企业往往面临两种不确定性，即来自自然环境的不确定性和来自竞争对手的不确定性。根据凯恩斯学派的观点，来自竞争对手的不确定性是一种强调策略互动的"认识力的不确定性"，而这才是企业面临的根本的不确定性的根源。本书的研究就是试图说明微观企业如何认识和分析来自竞争对手的不确定性，从而有效进行策略行为决策的问题。

新产业组织经济学从产业中观视角对策略行为的研究为本书微观视角的企业策略行为决策研究提供了可供参考的分析范式，即采用博弈理论作为企业策略行为决策的基本研究框架。为了提高理论对现实决策的解释和指导能力，需要对标准博弈论绝对化的理性假设进行修正，即以有限理性代替经济理性作为新的研究假设。

根据特定的统计学模型为基础，研究者通过一系列博弈实验分析提出了一个可以反映有限理性条件下博弈均衡的新概念——可数性反应均衡。可数性反应均衡理论认为，为了追求博弈占优，每个幼稚博弈行为人都有追求理性的动机，但有限理性的约束使每个行为人的策略选择都是对其他行为人策略选择的主观判断的"最优反应"，因此他们的决策均衡很难与经济理性假定下的纳什均衡重合，而只能形成一个类似纳什均衡的均衡。可数性反应均衡是在纳什均衡的基础上对均衡概念所做的进一步发展，是研究者在对人类决策所受到的内生影响因素进行重新思考后，继承有限理性的理论观点，通过修正行为人的行为方式而发展出的一个具有某种内生变动性的均衡分析范式。为了准确确定可数性反应均衡与纳什均衡的相对位置，研究者提出了一种将行为人受噪声影响的程度参数化的可数性反应均衡函数，而其中唯一的参数就是表示噪声效应的 λ。

　　基于有限理性的策略行为决策机制的影响因素研究围绕可数性反应均衡中的关键参数 λ 展开，可以具体化为确定参数 λ 的影响因素的工作。选美竞猜博弈实验显示了一次性博弈中思维推理能力约束与策略行为决策机制相关性，而认知层级理论说明了策略行为决策者基于各自不同思维推理能力的约束而作出主观最优反应的过程。多轮次选美竞猜博弈实验结果的对比说明博弈行为人在重复博弈中具有学习的能力，博弈策略的选择也明显受到学习效应的影响，而学习效应具体包括强化学习效应和信念学习效应两方面。上述两方面的讨论都是在传统效用函数的框架内进行策略效用评估的，但是效用理论研究从"狭义"向"广义"、从"数理"向"经验"的回归要求对现实的策略行为决策研究中采用的效用函数进行重新思考，由价值期望和社会偏好决定的行为人个性化效用评估倾向（如参照点效应、损失厌恶效应、不平等厌恶效应）与行为人的主观最优反应选择也具有密切联系。因此，根据不同博弈模型实验结论和相关理论研究，可以认为反映行为人主观最优反应与实质占优策略差异程度的参数 λ 主要受到行为人思维推理能力约束、重复决策的学习效应和个性化的效用评估倾向三个方面因素的影响。

　　基于有限理性的策略行为决策理论框架的有效性需要通过实验研究的检验。借鉴实验经济学的研究范式，在完成企业策略行为决策的理性假设修正、均衡标准确定和决策机制影响因素演绎归纳的研究后，根据现有的企业组织行为的实验研究经验，以对称双寡头研发投资竞赛为原型，设计了策略行为决策实验研究计划。根据策略行为决策实验数据的分析结论，结合之前的理论研究成果，可以提出有关策略行为决策的若干经验法则，具体包括：

法则1： 由于策略行为决策主体的有限理性，由所有决策者各自的策略选择决定的决策均衡偏离标准博弈论体系下的纳什均衡。

法则2： 有限理性的策略行为决策者多轮次进行类似决策的均衡结果会呈现某种收敛性质，而标准博弈论体系下的纳什均衡是可能的收敛目标。

法则3： 有限理性的策略行为决策者相互之间存在思维推理能力的差异。

法则4： 有限理性的策略行为决策者在多轮次类似决策中会形成包括强化学习和信念学习的学习效应。

法则5： 有限理性的策略行为决策者在进行策略效用评估时会受到个性化的效用评估倾向，而这种影响会改变决策者的策略选择。

6.2

研 究 创 新

围绕基于有限理性的企业策略行为决策研究这一主题，本书主要有三方面的创新之处：

第一，研究对象的创新。不完全竞争市场中与企业的竞争优势和价值实现密切相关的策略行为决策一直没有作为特定的微观研究对象受到足够的重视。现有的策略行为研究视角集中于中观产业层次，其研究目标是解释市场现象和提供政策建议，并不关注特定企业的价值实现。本书的研究选择了企业价值实现的微观视角，并以交互决策为关注焦点，在现有研究的基础上重新定义了策略行为的概念，弥补了企业决策研究的一个空白。并且，本书在分析"经济理性"研究假设基本含义以及所受到的质疑的基础上，提出以双构面"有限理性"作为替代性的研究假设，使研究对象更加贴近经济现实。

第二，理论工具的创新。标准博弈论为企业策略行为决策提供了基本的理论分析框架，但是由于其研究理性假设与经济现实的矛盾而需要修正。本书在"有限理性"的研究假设下对标准博弈论进行修正，以现有的行为博弈理论、博弈学习理论和大量的博弈实验为基础，构建了能够为现实决策者进行企业策略行为决策提供有效指导的理论框架。

第三，研究方法的创新。管理学的实验研究能够为管理理论学习和研究者提供更加贴近现实的、多状态的理论与实践交互作用的环境，并通过观察、分析实验行为人的行为和人机交互的结果，为修正管理学的研究视角及参照系、完善管理理论实证研究提供科学手段，进而为改进丰富已有理论、发现新的理论提供支持。依据现有的管理学实验研究，在对企业策略行为决策进行系统研究的基础上，根据双寡头企业研发竞赛投资博弈模型的内在逻辑，本书设计了一个简单的策略互动实验，通过实验结论验证前面构建的有限理性条件下的策略行为决策分析范式的有效性，并以此为基础提出策略行为决策的若干经验法则。

6.3

研 究 展 望

本书开展的有限理性条件下企业策略行为决策研究中主要存在以下两点有待弥补的局限性：

第一，企业策略行为决策机制影响因素的研究基于对可数性反应均衡理论中参数含义的理解和对现有博弈实验结果和行为经济学研究结论的归纳和梳理，而该研究是否具有完备性尚不能确定。

第二，本书的研究为验证有限理性条件下企业策略行为决策机制的理论框架进行了实验室实验研究。由于时间和经费的限制，实验样本较少，在进行实验数据分析时可能无法排除一些偶然因素对实验结果的干扰。

针对现有研究可能存在的局限性，后续研究主要可以从三个方面开展：

第一，进行实验室实验的重复验证研究。为了克服实验样本少，无法排除偶然因素干扰的问题，可以采用相同的实验设计，在不同的行为人群体中进行重复实验，对不同实验组的数据进行归纳总结，一方面为实验设计的进一步完善提供依据，另一方面也通过大样本实验数据的统计排除影响实验有效性的偶然因素。

第二，进行现场实验研究。为了提高实验的外部有效性，可以选择具有某种寡头性质的企业进行现场实验研究，通过实验数据来验证经验法则和修正理论框架。并且，现场实验可以按照策略行为决策机制不同的影响因素进行分别的单目标设计，通过严格的实验控制获取有效的实验结果。

第三，持续跟踪实验经济学和行为经济学的研究成果，通过归纳总结的方法为策略行为决策理论框架的进一步完善提供支持。

参 考 文 献

一、英文部分

[1] Anderson, C., Camerer, C. F., Experience-weighted Attraction Learning in Sender-Receiver Signaling Games, Economic Theory, 16, 2001, 689 – 718.

[2] Ansoff, H. I., The Emerging Paradigm of Strategic Behaviour, Strategic Management Journal, 8, 1987, 501 – 515.

[3] Armantier, O., Does Observation Influence Learning, Games and Economic Behavior, 46, 2004, 221 – 239.

[4] Arthur, R., A Biological Basis for Expected and Non-expected Utility, Journal of Economic Theory, 68, 1996, 397 – 424.

[5] Basu, K., The Traveler's Dilemma: Paradoxes of Rationality in Game Theory, American Economic Review, 2, 1984, 391 – 395.

[6] Black, F., Scholes, M., The Pricing of Options and Corporate Liabilities, Journal of Political Economy, 81, 1973, 637 – 659.

[7] Bolton, G. E., Ockenfels, A., ERC: A Theory of Equity, Reciprocity, and Competition, American Economic Review, 90, 2000, 166 – 193.

[8] Bower, J. L., Doz, I., Strategy Formulation: A Social and Political View, In D. E. Schendel&C. W. Hofer (Eds.), Strategic Management, Boston, Mass: Little Brown, 1979, 152 – 166.

[9] Burgelman, R. A., A Model of the Interaction of Strategic Behaviour, Corporate Context, and the Concept of Strategy, Acadamy of Management Re-

view, 1, 1983, 61 – 90.

[10] Burgelman, R. A. , Managing Innovating Systems: A Study of the Process of Internal Corporate Venturing, Doctoral Dissertation, Columbia University, 1980.

[11] Camerer, C. F. , Behavioural Studies of Strategic Thinking in Games, Trends in Cognitive Science, 5, 2003, 225 – 231.

[12] Camerer, C. F. , Does Strategy Research Need Game Theory, Strategic Management Journal, 12, 1991, 137 – 152.

[13] Camerer, C. F. , Progress in Behavioral Game Theory, Journal of Economic Perspectives, 11, 1997, 167 – 188.

[14] Camerer, C. F. , Babcock, L. , Loewenstein, G. , Thaler, R. , Labor Supply of New York City Cab Drivers: One Day at a Time, Quarterly Journal of Economics, 111, 1997, 408 – 441.

[15] Camerer, C. F. , Ho, T – H. , EWA Learning in Normal-form Games: Probability Rules, Heterogeneity and Time Variation, Journal of Mathematical Psychology, 42, 1998, 305 – 226.

[16] Camerer, C. F. , Ho, T – H. , Experience Weighted Attraction Learning in Normal-form Games, Econometrica, 67, 1999, 827 – 874.

[17] Camerer, C. F. , Ho, T – H. , Chong, K. , Behavioral Game Theory: Thinking, Learning and Teaching, Working Paper, Caltech, 2001.

[18] Camerer, C. F. , Ho, T – H. , Chong, K. , Functional EWA: A One-parameter Theory of Learning in Games, Working Paper, Caltech, 2002.

[19] Camerer, C. F. , Ho, T – H. , Chong, K. , Sophisticated EWA Learning and Strategic Teaching in Repeated Games, Journal of Economic Theory, 104, 2002, 137 – 188.

[20] Camerer, C. F. , Ho, T – H. , Chong, K. , A Cognitive Hierarchy Theory of One-shot Games: Some Preliminary Results, Working Paper, 2002.

[21] Camerer, C. F. , Ho, T – H. , Chong, K. , Models of Thinking, Learning and Teaching in Games, American Economic Review, 93, 2003,

192 – 195.

[22] Camerer, C. F. , Hogarth, R. M. , The Effects of Financial Incentives in Economics Experiments: A Review and Capital-labor-production Framework, Journal of Risk and Uncertainty, 19, 1999, 7 – 42.

[23] Camerer, C. F. , Karjalainen, R. , In Models and Experiments on Risk and Rationality, Kluwer Academic Publishers, 1994, 325 – 358.

[24] Camerer, C. F. , Lovallo, D. , Overconfidence and Excess Entry: An Experimental Approach, American Economic Review, 89, 1999, 306 – 318.

[25] Camerer, C. F. , Weber, M. W. , Recent Developments in Modelling Preferences: Uncertainty and Ambiguity, Journal of Risk and Uncertainty, 5, 1992, 325 – 370.

[26] Camerer, C. F. , Weigelt, K. , Experimental Tests of a Sequential Equilibrium Reputation Model, Econometrica, 56, 1988, 1 – 36.

[27] Cason, T. , Mui, V. L. , Uncertainty and Resistance to Reform in Laboratory Participation Games, European Journal of Political Economy, 21, 2005, 708 – 737.

[28] Chamberlin, E. H. , An Experimental Imperfect Market, Journal of Political Economy, 2, 1948, 95 – 108.

[29] Chen, X – P, Bachrach, D. G. , Tolerance of Free-riding: The Effects of Defection Size, Defection Pattern, and Social Orientation in a Repeated Public Goods Dilemma, Organizational Behavior and Human Decision Processes, 90, 2003, 139 – 147.

[30] Cheung, Y·– W. , Friedman, D. , Individual Learning in Normal form Games: Some Laboratory Results, Games and Economic Behavior, 19, 1997, 46 – 76.

[31] Cox, J. C. , Ross, S. A. , Rubinstein, M. , Option Pricing: A Simplified Approach, Journal of Financial Economics, 7, 1979, 229 – 263.

[32] Dasgupta, P. , Stiglitz, J. , Uncertainty, Industrial Structure and

the Speed of R&D, Bell Journal of Economics11 (Autumn 1980), 1980, 1 – 28.

[33] Dawes, R. M., Thaler, R. H., Anomalies: Cooperation, Journal of Economic Perspectives, 3, 1988, 187 – 197.

[34] Dias, M. A. G., Teixeira, J. P., Continuous-time Option Games: Review of Models and Extensions-Part 1: Duopoly under Uncertainty, Working Paper, Dept. Industrial Eng., 2003.

[35] Dixit, A., A Model of Duopoly Suggesting a Theory of Entry Barriers, Bell Journal of Economics 10, 1, 1979, 20 – 32.

[36] Dixit, A. K., Pindyck, R. S., Investment under Uncertainty, Princeton University Press, Princeton, N. J., 1994.

[37] Dufwenberg, M., Kirchsteiger, G., A Theory of Sequential Reciprocity, Games and Economic Behavior, 47, 2004, 268 – 298.

[38] Erev, I., Alvin, E. R, Predicting how People Play Games: Reinforcement Learning in Experimental Games with Unique, Mixed Strategy Equilibria, American Economic Review, 4, 1998, 848 – 881.

[39] Falk, A., Fischbacher, U., A theory of Reciprocity, Working Paper, University of Zurich, 1999.

[40] Fehr, E., Experimental & Behavioral Economics, MIT, 2004.

[41] Fehr, E., Schmidt, K. M., A Theory of Fairness, Competition and Cooperation, Quarterly Journal of Economics, 3, 1999, 817 – 868.

[42] Feltovich, N., Reinforcement-Based Vs Belief-Based Learning Models in Experimental Asymmetric-information Games, Econometrica, 68, 2000, 605 – 641.

[43] Fudenberg, D., Levine, D. K., Consistency and Cautious Fictitious Play, Journal of Economic Dynamics and Control, 19, 1995, 1065 – 1089.

[44] Fudenberg, D., Levine, D. K., The Theory of Learning in Games, Cambridge: MIT Press, 1998.

[45] Fudenberg, D., Tirole, J., A theory of exit in duopoly", Econo-

metrica, 54, 1986, 943 – 960.

[46] Galbraith, J. R. , Nathanson, D. A. , The Role of Organizational Structure and Process in Strategy Implementation, In D. E. Schendel & C. W. Hofer (Eds.), Strategic Management. Boston, Mass: Little Brown, 1979, 249 – 284.

[47] Grenadier, S. R. , Weiss, A. M. , Investment in Technological Innovations: An Options Pricing Approach, Journal of Financial Economics, 3, 1997, 397 – 416.

[48] Grossman, G. , Shapiro, J. , Optimal Dynamic R&D Programs, Rand Journal of Economics, 17, 1986, 581 – 593.

[49] Grossman, G. , Shapiro, J. , Optimal Dynamic R&D Competition, The Economic Journal, 97, 1987, 372 – 387.

[50] Grundy, T. , Strategy Implementation and Project Management, International Journal of Project Management, 16, 1998, 43 – 50.

[51] Grundy, T. , Strategy Project Management and Strategic Behavior, International Journal of Project Management, 18, 2000, 93 – 103.

[52] Grundy, T. , Wensley, R. , Strategic Behaviour: The Driving Force of Strategic Management, European Management Journal, 3, 1999, 326 – 334.

[53] Güth, W. , Schmittberger, R. , Schwarze, B. , An Experimental Analysis of Ultimatum Bargaining, Journal of Economic Behavior and Organization, 3, 1982, 367 – 88.

[54] Hall, D. J. , Saias, M. A. , Strategy Follows Structure, Strategic Manamgement Journal, 1, 1980, 149 – 163.

[55] Ho, T. H. , Wang, X. , Camerer, C. F. , Individual Differences and Payoff Learning in Games, Working Paper, University of Pennsylvania, 1999.

[56] Hoffman, E. , McCabe, K. , Shachat, K. , Smith, V. , Preferences, Property Rights, and Anonymity in Bargaining Games, Games and Economic Behavior, 7, 1994, 346 – 80.

[57] Hoffman, E. , McCabe, K. , Shachat, K. , Smith, V. , Behavior-

al Foundations of Reciprocity: Experimental Economics and Evolutionary Psychology, Economic Inquiry, 3, 1998, 335 – 352.

[58] Holt, D. , An Empirical Model of Strategic Choice with an Application to Coordination, Games and Economic Behavior, 27, 1999, 86 – 105.

[59] Hopkins, E. , Two Competing Models of How People Learn in Games, Econometrica, 70, 2002, 2141 – 2166.

[60] Huisman, K. J. M. , Kort, P. M. , Effects of Strategic Interactions on the Option Value of Waiting, Working Paper, Tilburg University, 1999.

[61] Jim, E. W. , Robert, L. S. , The evolution of strategies in a repeated trust game, Journal of Economic Behavior & Organization, 55, 2004, 553 – 573.

[62] Johnson, E. J. , Camerer, C. F. , Sen, S. , Rymon, T. , Detecting Backward Induction in Sequential Bargaining Experiments, Journal of Economic Theory, 104, May, 2002, 16 – 47.

[63] Jung, Y. J. , Kagel, J. H. , Levin, D. , On the Existence of Predatory Pricing: An Experimental Study of Reputation and Entry Deterrence in the Chain-store Game, RAND Journal of Economics, 25, 1994, 72 – 93.

[64] Kahneman, D. , Experimental Economics: A Psychological Perspective, In R. Tietz, W. Albers and R. Selten (eds), Bounded Rational Behavior in Experimental Games and Markets, New York, Springer-Verlag, 1988, 11 – 18.

[65] Kreps, D. , Wilson, R. , Reputation and Imperfect Information, Journal of Economic Theory, 27, 1982, 253 – 279.

[66] Larrick, R. P. , Blount, S. , The Claiming Effect: Why Players are More Generous in Social Dilemmas than Ultimatum Games, Journal of Personality and Social Psychology, 72, 1997, 810 – 825.

[67] Lieberman, M. B. , Montgomery, D. B. , First-Mover Advantages, Strategic Management Journal, Summer Special Issue 9, 1988, 41 – 58.

[68] McCutchen, W. W. Jr. , Swamidass, P. M. , Motivations for Strategic Alliances in the Pharmaceutical/BiotechIndustry: Some New Findings, Jour-

nal of High Technology Management Research, 15, 2004, 197 – 214.

[69] Mckelvey, R. D. , Palfrey, T. R. , Quantal Response Equilibria for Normal form Games, Games and Economics Behavior, 1995, 10, 6 – 38.

[70] Mckelvey, R. D. , Palfrey, T. R. , Quantal Response Equilibria for Extended form Games, Games and Economics Behavior, 1, 1998, 9 – 41.

[71] McKelvey, R. D. , Palfrey, T. R. , Weber, R. A. , The Effects of Payoff Magnitude and Heterogeneity on Behavior in 2 × 2 Games with Unique Mixed Strategy Equilibria, Journal of Economic Behavior & Organization, 42, 2000, 523 – 548.

[72] McKinneY, C. N. , Essays on Bounded Rationality, Doctoral Dissertation, Texas A&M University, 2001.

[73] Miltersen, K. R. , Schwartz, E. S. , R&D Investments with Competitive Interactions, Working Paper, Norwegian School of Economics and Business Administration, Norway, 2003.

[74] Mookherjee, D. , Sopher, B. , Learning Behavior in an Experimental Matching Pennies Game, Games and Economic Behavior, 7, 1994, 62 – 91.

[75] Mookherjee, D. , Sopher, B. , Learning and Decision Costs in Experimental Constant Sum Games, Games and Economic Behavior, 19, 1997, 79 – 132.

[76] Moretto, M. , Irreversible Investment with Uncertaintyand Strategic Behavior, Economic Modelling, 17, 2000, 589 – 617.

[77] Morris, D. J. , Sinclair, P. J. N. , Slater, M. D. E, Vickers, J. S. , Strategic Behaviour and Industrial Competition, Oxford Economic Papers, New Series, 11, 1986, 1 – 8.

[78] Myers, S. C. , Finance Theory and Financial Strategy, Midland Corporate Finance Journal, 1, 1987, 6 – 13.

[79] Olson, E. M. , Stanley, S. F. , Hult, G. T. M. , The Importance of Structure and Process to Strategy Implementation, Business Horizons, 48, 2005, 47 – 54.

[80] Pindyck, R., Irreversible Investment, Capacity Choice, And the Value of the Firm, American Economic Review, 5, 1988, 969 – 985.

[81] Pindyck, R., Irreversible Investment, Uncertainty, And Investment, Journal of Economic Literature, 29, 1991, 1110 – 1152.

[82] Plott, C. R., Industrial Organization Theory and Experimental Economics, Journal of Economic Literature, 20, 1982, 1485 – 1527.

[83] Porter, M. E., The Contribution of Industrial Organization to Strategic Managenment, Academy of Management Review, 61, 1981, 214 – 228.

[84] Prahalad, C. K., Hamel, G., The Core Competence of the Corporation, Harvard Business Review, 1, 1990, 79 – 89.

[85] Rabin, M., Incorporating Fairness into Game Theory and Economics, American Economic Review, 83, 1993, 1281 – 1302.

[86] Reinganum, J., Uncertain Innovation and the Persistence of Monopoly, American Economic Review, 73, 1983, 741 – 748.

[87] Reinganum, J., Innovation and Industry Evolution, Quarterly Journal of Economics, 100, 1985, 81 – 100.

[88] Rescorla, R. A., Wagner, A. R., A Theory of Pavlovian Conditioning: Variationsin the Effectiveness of Reinforcement and Nonreinforcement, In Black, A. H. & Prokasy, W. F. (Eds.), Classical Conditioning II: Current Research and Theory. New York: Appleton-Century-Crofts, 1972, 64 – 99.

[89] Roemer, E., Real Options and the Theory of the Firm, Working Paper, School of Management, Marketing Group, University of Bradford, 2004.

[90] Roth, A., Bargaining Experiments, In J. Kagel and A. Roth, eds., The Handbook of Experimental Economics, 1995, 253 – 348.

[91] Rubinstein, A., A Theorist's View of Experiments, European Economic Review, 4, 2001, 615 – 628.

[92] Rumelt, R. P., Towards a Strategic Theory of the Firm, in R. B. Lambrecht (ed.), Competitive Strategic Management, Prentice-Hall, 1984.

［93］ Sally, D. , Hill, E. , The Development of Interpersonal Strategy: Autism, Theory-of-mind, Cooperation and Fairness, Journal of Economic Psychology, 27, 2006, 73 – 97.

［94］ Samuelson, P. , A Note on the Pure Theory of Consumer's Behavior, Economics, 5, 1938, 353 – 354.

［95］ Sarin, P. , Vahid, F. , Payoff Assessments without Probabilities: Incorporating 'Similarity' Among Strategies, Working Paper, Texas A & M University, 1997.

［96］ Schelling, T. C. , The Strategy of Conflict, Harvard University Press, 1960.

［97］ Schumpeter, J. A. , Capitalism, Socialism and Democracy, Harper Press, New York, 1942.

［98］ Selten, R. , The Chain Store Paradox, Theory and Decision, 9, 1978, 127 – 159.

［99］ Selten, R. , Features of Experimentally Observed Bounded Rationality, European Economic Review, 42, 1998, 413 – 436.

［100］ Shan, W. , An Empirical Analysis of Organizational Strategies by Entrepreneurial High-technology Firms, Strategic Management Journal, 11, 1990, 129 – 139.

［101］ Shan, W. , Visudtibhan, K. , Cooperative Strategy in Commercializing an Emerging Technology, European Journal of Operational Research, 47, 1990, 172 – 181.

［102］ Shiller, R. J. , Behavioral Economics and Institutional Innovation, Working Paper, Yale University, 2005.

［103］ Slonim, R. S. , Roth, A. , Learning in High Stakes Ultimatum Games: An Experiment in the Slovak Republic, Econometrica, 66, 1998, 569 – 596.

［104］ Smit, H. T. J. , Acquisition Strategies as Option Games, Journal of Applied Corporate Finance, 2, 2001, 79 – 89.

[105] Smit, H. T. J. , Ankum, L. A. , A Real Options and Game-Theoretic Approach to Corporate Investment Strategy under Competition, Financial Management, Autumn 1993, 241 – 250.

[106] Smit, H. T. J. , Trigeorgis, L. , Flexibility and Commitment in Strategic Investment, Working Paper, Tinbergen Institute, Erasmus University, Rotterdam, 1993.

[107] Smit, H. T. J. , Trigeorgis, L. , Strategic Investment: Real Options and Games, Princeton University Press, 2004.

[108] Spence, M. , Investment Strategy and Growth in a New Market, Bell Journal of Economics 10, 1979, 1 – 19.

[109] Stalk, G. , Time-The Next Source of Competitive Advantage, Harvard Business Review, 5, 1988, 41 – 51.

[110] Teece, D. J. , Economic Analysis and Strategic Management, California Management Review, 3, 1984, 87 – 110.

[111] Teece, D. J. , Pisano, G. , Shuen, A. , Dynamic Capabilities and Strategic Management, Strategic Management Journal, 18, 1997, 509 – 534.

[112] Thaler, R. H. , Mental Accounting Matters, Journal of Behavioral Decision Making, 12, 1999, 183 – 206.

[113] Tversky, A. , Kahneman, D. , Loss aversion in riskless choice: Areference dependent Model, Quarterly Journal of Economics, 106, 1991, 1039 – 1061.

[114] Tversky, A. , Kahneman, D. , Advances in Prospect Theory: Cumulative Representation of Uncertainty, Journal of Risk and Uncertainty, 5, 1992, 297 – 323.

[115] Trigeorgis, L. , Real Options and Interactions with Financial Flexibility, Financial Management, 3, 1993, 202 – 224.

[116] Van Huyck, J. , Battalio, R. , Beil, R. , Tacit Cooperation Games, Strategic Uncertainty, and Coordination Failure, The American Economic Review, 80, 1990, 234 – 248.

[117] Van Huyck, J. , Battalio, R. Rankin, F. W. , Selection Dynamics

and Adaptive Behavior Without Much Information，Working Paper，Texas A & M Department of Economics，2001.

［118］Van Huyck，J.，Cook，J.，Battalio，R.，Adaptive Behavior and Coordination Failure，Journal of Economic Behavior and Organization，32，1997，483－503.

［119］Vives，X.，Technological Competition，Uncertainty，and Oligopoly，Journal of Economic Theory，48，1998，386－415.

［120］Weeds，H.，Strategic Delay in a Real Options Model of R&D Competition，Review of EconomicStudies，3，2002，729－747.

二、中文部分

［121］阿维纳什·K·迪克西特. 策略思维——商界、政界及日常生活中的策略竞争，中国人民大学出版社，2002.

［122］保罗·萨缪尔森，威廉·诺德豪斯. 微观经济学，第十六版，华夏出版社，1999.

［123］戴荣，高山行. 市场结构对专利竞赛的影响，预测，2003（2），15～18.

［124］弗农·史密斯. 经济学中的实验方法，新帕尔格雷夫经济学大辞典，经济科学出版社，1996.

［125］海萨尼. 海萨尼博弈论论文集，首都经济贸易大学出版社，1999.

［126］何大安. 行为经济人有限理性的实现程度，中国社会科学，2004（4），91～101.

［127］干春晖. 企业策略性行为研究，上海财经大学出版社，2004.

［128］高山行，刘玲. 专利竞赛理论评述，经济学动态，1999（3），68～71.

［129］坎特威茨，罗迪格，埃尔姆斯. 实验心理学：掌握心理学的研究，华东师范大学出版社，2001.

［130］李春好. 企业战略投资项目的选择模型，管理现代化，2002

（6），41～44.

[131] 马莎·阿姆拉姆，纳林·库拉蒂拉卡. 实物期权. 不确定性环境下的战略投资管理，机械工业出版社，2001.

[132] 那艺，贺京同. 有限理性下的均衡分析范式：随机最优反应均衡，工作论文，2005.

[133] 丘海雄，张应祥. 理性选择理论述评，中山大学学报（社会科学版），1998（1），117～123.

[134] 邱雪娥. BOT 专案评价决策支援系统——实物期权的应用，研究报告，2001.

[135] 任迎伟，冯俭. 企业战略决策中的主观性研究，电子科技大学学报社科版，2004（3），33～36.

[136] 泰勒尔. 产业组织理论，中国人民大学出版社，1997.

[137] 唐振鹏，黄杰. 企业项目投资决策方法及其最新发展，科技管理研究，2003（1），16～20.

[138] 汪丁丁. 经济发展与制度创新，上海人民出版社，1995.

[139] 汪丁丁，叶航. 理性的追问，广西师范大学出版社，2003.

[140] 汪浩瀚，徐文明. 现代不确定性经济理论的比较研究：凯恩斯与奈特，经济评论，2005（1），90～93.

[141] 汪应洛，万迪昉等. 管理科学——自然科学学科发展战略调研报告，科学出版社，1995.

[142] 西蒙. 西蒙选集，首都经济贸易大学出版社，2000.

[143] 西蒙. 管理行为——管理组织决策过程的研究，北京经济学院出版社，1988.

[144] 西蒙. 现代决策理论的基石，北京经济学院出版社，1989.

[145] 谢识予. 经济博弈论，复旦大学出版社，1997.

[146] 熊彼特. 经济发展理论，商务印书馆，1990.

[147] 姚铮. 基于期权原理的企业战略投资决策，南开管理评论，2000（6），57～59.

[148] 叶航，肖文. 广义效用假说，浙江大学学报（人文社会科学

版），2002（3），139～142.

[149] 叶航. 利他行为的经济学解释，经济学家，2005（3），22～29.

[150] 叶航，汪丁丁，罗卫东. 作为内生偏好的利他行为及其经济学意义，经济研究，2005（8），84～94.

[151] 余东华. 新产业组织理论及其新发展，中央财经大学学报，2004（2），49～54.

[152] 袁艺. 竞争优势的系统建构研究，安徽理工大学学报，2008（4），37～40.

[153] 袁艺，茅宁. 从经济理性到有限理性：经济学研究理性假设的演变，经济学家，2007（2），21～26.

[154] 袁艺. R&D 投资评价的困境与突破，江苏科技信息，2008（12），21～23.

[155] 袁艺，李宗卉. 博弈论的新发展：行为博弈论，生产力研究，2009（2），7～9.

[156] 袁艺，李宗卉. 管理者的心理偏差与行为成本——以国有企业管理体制改革为视角，审计与经济研究，2009（3），108～112.

[157] 张辉华，凌文轾. 理性、情绪与个体经济决策，外国经济与管理，2005（5），2～9.

[158] 张良桥，冯从文. 理性与有限理性：论经典博弈理论与进化博弈理论之关系，世界经济，2001（8），74～78.

[159] 张良桥. 论人类决策过程的进化模型，工作论文，2003.

[160] 张维迎. 博弈论和信息经济学，上海人民出版社，1996.

[161] 钟伟锋，徐宗玲. 完全信息静态博弈的修正框架——行为的视角，工作论文，2005.

后　　记

策略行为是一个曾经在新产业组织经济学中观视角下得到重点关注的研究对象，而随着其提出者谢林教授获得诺贝尔经济学奖，在近年来再次成为研究热点。与现有研究相比，我的研究特色在于试图从企业的微观视角回答这样的问题：现实的理性假设下企业策略行为决策的均衡标准、决策机制的影响因素以及相关的经验法则分别是什么？在研究过程中，我阅读了大量相关的中外文献，大师们独特的视角、睿智的思想和精辟的观点不时给予我启发和冲击，更让我深深体会到"学海无涯"的真正含义。在每次研究略有突破时，我都欣喜非常，然而由于时间和能力的限制，现有论述中仍有缺憾，有待日后研究的弥补。

本书在我的博士学位论文的基础上修改完成。在此，感谢我的母校——南京大学，在这座"诚朴雄伟，励学敦行"的百年名校中，我度过10年最美好的青春年华，也学习到最宝贵的思想和知识。感谢我的导师茅宁教授，在我从硕士到博士的6年研究生阶段中，茅老师传道、授业、解惑，在学术上以其独到的视角和敏锐的洞察力给予我悉心指导。感谢贾良定教授，他在研究方法论和实验设计方面为我提供了重要的启发和帮助。

感谢南京大学商学院各位老师的教诲，感谢南京审计学院对此书的资助，感谢在本书写作和出版过程中支持和帮助我的每一位朋友。

感谢我的父母，给予我最深的关怀与爱护；感谢我的先生，坚定宽容地帮助我分担忧愁，与我分享快乐；感谢我的儿子稼稼，引领我进入新的人生阶段，让我体会无与伦比的幸福！这本书是我献给他们的礼物，我为他们和我自己祝福！

袁艺

2013 年 4 月 25 日